Lernkrimi Französisch

LE TRÉSOR DU ROI SOLEIL

Story: Marc Hillefeld
Übersetzung: Aleth Sanchez

Compact Verlag

Bisher sind in dieser Reihe erschienen:

- Englisch, Französisch, Italienisch, Spanisch: B1, B2
- Englisch GB/US, Business English: B1, B2
- Deutsch: B1
- Sammelband Lernkrimi Englisch: B1/B2

In der Reihe Compact Lernkrimi Kurzkrimis sind erschienen:

- Englisch, Französisch, Italienisch, Spanisch, Deutsch: A2

In der Reihe Compact Lernkrimi History sind erschienen:

- Englisch: B1, B2, Italienisch: B1

In der Reihe Compact Lernthriller sind erschienen:

- Englisch: B1, B2, Spanisch: B1

In der Reihe Compact Lernstory Mystery sind erschienen:

- Englisch: B1, B2

In der Reihe Compact Lernkrimi Hörbuch sind erschienen:

- Englisch: B1, B2, Business English: B2
- Französisch, Italienisch, Spanisch: B1

In der Reihe Lernkrimi Sprachkurs sind erschienen:

- Englisch für Anfänger: A1/A2

Lernziele:
- Grundwortschatz, Grammatik (A2, B1)
- Aufbauwortschatz, Konversation (B2)

In der Reihe Compact Schüler-Lernkrimi sind erschienen:

- Englisch, Französisch, Spanisch, Latein, Deutsch, Mathematik, Physik, Chemie

Weitere Titel sind in Vorbereitung.

Chefredaktion: Dr. Angela Sendlinger
Redaktion: Patrizia Ginocchio
Fachredaktion und Organisation: mazzetti & mazzetti GmbH
Produktion: Wolfram Friedrich
Titelillustration: Karl Knospe
Typografischer Entwurf: Maria Seidel
Umschlaggestaltung: Carsten Abelbeck

ISBN 978-3-8174-7416-5
7274169

Besuchen Sie uns im Internet: www.compactverlag.de, www.lernkrimi.de

Vorwort

Mit dem neuen, spannenden Compact Lernkrimi können Sie Ihre Französischkenntnisse auf schnelle und einfache Weise vertiefen, auffrischen und überprüfen.
Inspektor Jacques Cliquot erleichtert das Sprachtraining mit Action und Humor. Er und seine mysteriösen Kriminalfälle stehen im Mittelpunkt einer zusammenhängenden Story.
Der Krimi wird auf jeder Seite durch abwechslungsreiche und kurzweilige Übungen ergänzt, die das Lernen unterhaltsam und spannend machen.
Prüfen Sie Ihr Französisch in Lückentexten, Zuordnungs- und Übersetzungsaufgaben, in Buchstabenspielen und Kreuzworträtseln!
Ob im Bus oder in der Bahn, im Wartezimmer, zu Hause oder in der Mittagspause – das Sprachtraining im handlichen Format bietet die ideale Trainingsmöglichkeit für zwischendurch.
Schreiben Sie die Lösungen einfach ins Buch!
Die richtigen Antworten sind in einem eigenen Lösungsteil zusammengefasst.

Und nun kann die Spannung beginnen ...

Viel Spaß und Erfolg!

Die Ereignisse und die handelnden Personen in diesem Buch sind frei erfunden. Etwaige Ähnlichkeiten mit tatsächlichen Ereignissen oder lebenden Personen wären rein zufällig und unbeabsichtigt.

Inhalt

Story

Inspektor Cliquot ist der beste Mann der Pariser Polizei. Wenn die Fälle mysteriös werden, die Polizei im Dunkeln tappt, ist Cliquot derjenige, der sich in die Untiefen der Pariser Verbrecherszene wagt.

Ein geheimnisvoller, uralter Brief führt Inspektor Cliquot und seine Assistentin Nathalie auf die Spur einer Meisterdiebin, die die goldene Maske des legendären Sonnenkönigs gestohlen hat. Die Maske an sich ist ein unschätzbares Vermögen wert. Sie birgt ein weiteres Geheimnis, womit keiner gerechnet hat ...

Die Spur führt zu einem kleinen Gehöft in der Provence, das der Sonnenkönig einst einem getreuen Stallburschen schenkte. Cliquot taucht unfreiwillig immer tiefer ein in die undurchsichtigen Machenschaften um die Sage des Sonnenkönigs. Wird Cliquot das Rätsel lösen? Wird er unbeschadet nach Paris zurückkehren?

Le roi soleil et le mystérieux trésor caché

L'inspecteur Cliquot était le meilleur homme de la police parisienne. Il était bien difficile d'estimer son âge, et il portait presque toujours son béret basque, même pendant le service.

«C'est pour tromper l'ennemi», répétait-il, car qui aurait bien pu supposer que sous une telle coiffe se cachait un policier?

Aujourd'hui encore, l'inspecteur Cliquot était sur une grosse affaire. Le crime ne sommeille jamais, pas même un dimanche matin.

L'inspecteur Cliquot était installé, seul, à la table d'un restaurant chic, tout proche de la Tour Eiffel. En apparence, il lisait son journal du dimanche avec ennui.

En réalité, il surveillait les alentours de ses yeux perçants. À sa gauche, il y avait une femme d'un certain âge, plutôt dodue, qui nourrissait son caniche de son petit-déjeuner. C'était très suspect. Deux tables plus loin, un homme d'affaires en costume étudiait les nouvelles de la Bourse. Il donnait l'impression d'être très concentré. N'était-ce pas là un moyen de faire diversion?

Übung 1: Sind die folgenden Aussagen richtig? Markieren Sie mit richtig ✓ oder falsch –!

! ÜBUNG 1

1. Le restaurant se trouve non loin de la Tour Eiffel. ☐
2. L'histoire se déroule à Paris. ☐
3. Ce jour-là, l'inspecteur Cliquot n'est pas en service. ☐
4. Pendant le service l'inspecteur Cliquot porte une casquette de policier. ☐

5. L'inspecteur Cliquot est le plus vieux de tous les policiers de Paris. ☐

6. L'inspecteur Cliquot est assis à la même table qu'une dame qu'il ne connaît pas. ☐

7. L'inspecteur Cliquot a un journal ouvert sous les yeux mais ne le lit pas. ☐

8. La dame est maigre car elle préfère donner son petit-déjeuner à son chien plutôt que le manger elle-même. ☐

9. Un des clients travaille à la Bourse de Paris. ☐

10. L'inspecteur Cliquot se méfie de tout le monde. ☐

L'inspecteur Cliquot émit un léger grognement, à peine audible. Personne ne le remarqua. Seul le chien de la vieille dame leva les yeux un court instant. Puis il engloutit un morceau de jambon que sa maîtresse lui tendait.

«Vous ne m'aurez pas, pensait l'inspecteur Cliquot en lui-même. Je sais que l'un d'entre vous est la crapule que je recherche. Ne croyez pas que vous m'échapperez. Personne n'a jamais échappé à l'inspecteur Cliquot.»

L'inspecteur Cliquot se pencha de nouveau sur son journal.

Le garçon de café s'approcha de lui.

«Puis-je vous servir encore un peu de café, Monsieur?» demanda-t-il.

L'inspecteur Cliquot eut un regard méfiant. Le garçon se tenait devant lui, un plateau à la main.

Et s'il était de mèche avec le malfaiteur, après tout? Et s'il voulait retenir l'attention de l'inspecteur sur lui afin que son complice puisse frapper?

L'inspecteur Cliquot sourit aimablement.

«Oh, très volontiers. Merci beaucoup.»

Le garçon esquissa une courbette. Puis il prit d'une main la cafetière qui était posée sur le plateau et servit l'inspecteur.

La délicieuse odeur de café frais vint caresser les narines de l'inspecteur.

Le petit déjeuner dans son ensemble était un vrai régal: des croissants frais, du beurre, de la confiture, de la charcuterie, du jambon, du fromage – la table qui se trouvait devant lui était recouverte de toutes ces bonnes choses que l'inspecteur était allé chercher au buffet situé à l'autre bout de la salle.

Übung 2: Welches Wort ist das „schwarze Schaf"?
Unterstreichen Sie das nicht in die Reihe passende Wort!

! ÜBUNG 2

1. jambon, charcuterie, saucisses, œufs brouillés
2. beurre, lait, fromage de tête, fromage blanc
3. confiture, miel, compote, salade de fruits
4. croissant, pain au chocolat, pain aux lardons, brioche
5. croissant de lune, croissant au beurre, croissant au jambon, croissant aux amandes

Et c'est cette table de buffet qui allait être le lieu du crime.

Cela ne faisait aucun doute.

L'inspecteur Cliquot savait qu'il n'avait pas le droit de se laisser distraire par ces merveilleuses odeurs. L'enjeu était bien trop important.

«Vous désirez autre chose? demanda le serveur en souriant.

– Non, merci bien», répondit l'inspecteur Cliquot.
«Ne t'imagine pas que tu peux me duper avec cette grimace, mon petit ami, se dit Cliquot intérieurement. Je sais parfaitement ce qui se trame ici.»

! ÜBUNG 3

Übung 3: Welche Bedeutung haben die folgenden Sätze? Kreuzen Sie an!

1. Le grognement de l'inspecteur Cliquot est à peine audible.
   - ☐ a) L'inspecteur Cliquot ne peut s'empêcher de grogner.
   - ☐ b) On n'entend presque pas l'inspecteur Cliquot grogner.
   - ☐ c) Le grognement de l'inspecteur Cliquot n'est pas très élégant.
2. Le caniche engloutit le morceau de jambon.
   - ☐ a) Il regarde le morceau de jambon avec envie.
   - ☐ b) Il renifle le morceau de jambon avec envie.
   - ☐ c) Il avale très vite le morceau de jambon.
3. Le garçon de café est de mèche avec le malfaiteur.
   - ☐ a) Le garçon de café connaît le malfaiteur et l'aide à faire son mauvais coup.
   - ☐ b) Le garçon de café et le malfaiteur ont un lien de parenté.
   - ☐ c) Le malfaiteur est le garçon de café lui-même.

4. L'odeur du café caresse les narines de l'inspecteur.

   - ☐ a) L'inspecteur a du café sur le nez.
   - ☐ b) L'inspecteur trouve que le café sent très bon.
   - ☐ c) L'inspecteur boit son café pendant qu'il est encore chaud.

5. Le garçon de café cherche à duper l'inspecteur.

   - ☐ a) Le garçon pousse l'inspecteur à la consommation.
   - ☐ b) Le garçon essaie de tromper l'inspecteur, de lui cacher ou de lui faire croire quelque chose.
   - ☐ c) Le garçon veut faire peur à l'inspecteur.

6. L'inspecteur Cliquot sait parfaitement ce qui se trame dans le restaurant.

   - ☐ a) L'inspecteur Cliquot sait qu'un mauvais coup se prépare.
   - ☐ b) L'inspecteur Cliquot connaît la carte des menus par cœur.
   - ☐ c) L'inspecteur Cliquot sait que le restaurant a bonne réputation.

Le policier regarda discrètement en direction du buffet. Tout était encore très calme.
Les clients ne bougeaient pas.
Pas encore.
Mais l'inspecteur Cliquot connaissait la manière d'agir de cette sorte d'escrocs.

Übung 4: Fügen Sie das passende Substantiv ein!
(voyage, dizaine, tension, voracité, coupable, sang-froid, tic, malpropre, enjeu, regard)

Tôt ou tard, la 1.__________ l'emporterait.

Ils montreraient alors leur vrai visage.

Pour l'instant, il s'agissait de garder son 2.__________ et d'attendre.

Et de toute façon, l'inspecteur Cliquot savait aussi qu'il ne devait prendre aucun risque. L'3.__________ était vraiment trop important. Il trempa son croissant dans son café et mordit dedans. Puis il promena de nouveau son regard autour de lui.

N'avait-il pas perçu un 4.__________ nerveux de la part du jeune homme près de la fenêtre?

«Je t'ai à l'œil, petit gars», pensa Cliquot.

L'inspecteur estima la distance le séparant du buffet. Il ne devait y avoir en tout et pour tout qu'une 5.__________ de mètres. De plus, il était bien placé pour le départ.

Soudain il ressentit une certaine 6.__________ dans l'atmosphère de la salle. Après 20 ans dans la police, on sent ces choses-là.

Le 7.__________ allait bientôt attaquer. Très bientôt.

L'inspecteur Cliquot contracta ses muscles.

Qui se révèlerait être le 8.__________?

La vieille dame?

Le soi-disant homme d'affaires en 9. ________ professionnel?

Le jeune homme au 10. ________ si innocent et rêveur, assis près de la fenêtre?

Tout à coup, l'inspecteur Cliquot perçut du coin de l'œil qu'on se mettait à bouger.

La vieille dame s'était levée d'un bond. Son caniche aboyait.

«C'est bien ce que je pensais», se dit l'inspecteur Cliquot.

Aussitôt, l'inspecteur bondit lui aussi, renversant sa chaise derrière lui. Il y eut un bruit fracassant et tous les clients prirent peur.

Mais pour l'inspecteur Cliquot, cela n'avait aucune importance.

Tel une tornade, il tourbillonna à travers la pièce en direction du buffet.

En quelques pas, il avait rattrapé la vieille dame.

Elle soufflait comme une locomotive.

C'est alors qu'elle donna un coup dans les côtes de l'inspecteur.

«Tu n'as aucune chance, mon ami», murmura-t-elle.

L'inspecteur perdit l'équilibre et tomba à terre.

Au dernier moment, il réussit à attraper la nappe de la table de l'homme d'affaires.

Il essaya de s'accrocher à elle.

Mais il ne parvint qu'à l'arracher, d'un coup sec.

L'homme d'affaires se mit à hurler au moment où son café au lait vint éclabousser sa cravate.

L'assiette d'œufs brouillés, elle, atterrit sur sa chemise.

«Mais qu'est-ce que ça veut dire? s'écria-t-il. Vous êtes fou?

– Désolé», dit l'inspecteur Cliquot en se relevant avec peine.

Lors de telles interventions, il se pouvait qu'il y ait parfois des victimes, c'était inévitable.
Une fois encore, quelques longues enjambées suffirent à l'inspecteur pour rattraper la vieille dame.
Il n'était plus qu'à quelques pas du buffet du petit-déjeuner et par-là même, du dernier morceau de camembert!

ÜBUNG 5 !

Übung 5: Finden Sie das abgeleitete Substantiv!

1. bondir	*un bond*
2. aboyer	un ______
3. tourbillonner	un ______
4. souffler	un ______
5. murmurer	un ______
6. réussir	une ______
7. hurler	un ______
8. éclabousser	une ______
9. atterrir	un ______
10. intervenir	une ______
11. fracasser	un ______
12. donner	un ______
13. sécher	un ______
14. peiner	une ______

Übung 6: Unterstreichen Sie die Synonyme für die Ausdrücke im Text!
(1. frisé (pas naturellement), 2. il ne supporterait pas, 3. à ma poursuite, 4. grossier personnage, 5. bête féroce, 6. avait regardé avec envie)

L'inspecteur Cliquot avait convoité ce divin fromage toute la matinée.
Il ne tolérerait pas que cette vieille dame le lui prenne sous le nez. Celle-ci était d'ailleurs déjà bien assez grosse comme ça. En outre, c'était un buffet «à volonté».
«Le camembert est à moi, Madame, s'écria l'inspecteur Cliquot. En tout cas, c'est moi qui l'ai vu le premier!
– Vous pouvez toujours rêver, espèce de goujat!» rétorqua la dame. Elle n'abandonnait donc pas.
«Fiffi!» appela-t-elle à travers la pièce.
«Et ça continue, pensa l'inspecteur. Voilà qu'elle lance son fauve à mes trousses. Décidément, rien ne m'est épargné.»
Au même instant, le caniche se mit à aboyer.
Un petit éclair poilu et permanenté traversa la salle de petit-déjeuner.

L'inspecteur était sur le point d'atteindre la table, lorsque le caniche lui passa entre les jambes.
L'inspecteur Cliquot poussa un cri rageur. Il perdit de nouveau l'équilibre. Dans son désespoir, il agita encore les bras, mais c'était trop tard.
Il fit un vol plané à travers la pièce et finit par s'écraser sur la table du buffet. La carafe de jus d'orange se renversa et l'inspecteur reçut un

torrent de jus de fruit jaune sur sa chemise. L'une de ses mains atterrit dans la crème à la myrtille. L'autre écrasa quelques parts de melon.

ÜBUNG 7 !

Übung 7: Fügen Sie die Übersetzung der angegebenen Adjektive ein!

Mais cet atterrissage (1. hart) ______________ avait eu un avantage: ce (2. kurz) ______________ envol lui avait permis de dépasser la vieille dame.

L'inspecteur Cliquot vit la main de celle-ci se tendre vers le morceau de fromage.

Mais il fut le plus (3. schnell) ______________!

Avec de (4. bemerkenswert) ______________ réflexes, il s'empara de la part de camembert restant et se la fourra dans la bouche.

Un délice!

«Ah, Madame, vous ne savez pas ce que vous ratez! dit l'inspecteur, la bouche (5. voll) ______________. Ce camembert, c'est un délice!»

(6. beleidigt) ______________, la vieille dame plissa le nez.

«Viens, Fiffi, on s'en va!» dit-elle.

Le caniche aboya encore une fois après l'inspecteur. Puis tous deux sortirent en trottant.

L'inspecteur Cliquot laissa fondre dans sa bouche le morceau de fromage arraché aux mains de l'ennemi. Puis il s'essuya sur sa chemise. Certes, elle était (7. gut) ______________ pour le nettoyage, mais cela en avait valu la peine.

Une fois encore, le bien avait triomphé.

Le garçon de café se tenait devant l'inspecteur et le regardait d'un air (8. streng) ______________.

«Je regrette, Monsieur, mais je dois maintenant vous demander de partir d'ici», dit-il.

L'inspecteur Cliquot acquiesça, souriant. Puis il porta sa main à la poche de son pantalon.

«Mais certainement, mon brave, répondit-il. De toute façon, j'ai terminé mon petit déjeuner. Le devoir m'appelle. Au fait, c'était (9. köstlich) ______________.» L'inspecteur Cliquot descendit de la table. Puis il lui glissa une pièce de 20 centimes dans la main.

«Tenez, votre pourboire!»

Le serveur était (10. fassungslos) ______________.

«C'est bon, dit l'inspecteur en souriant. Chez moi, un bon service, ça se récompense.»

L'inspecteur Cliquot quitta le restaurant, (11. zufrieden) ______________ du déroulement de la matinée.

Les autres clients le regardèrent s'en aller, ébahis.

«Au revoir, à dimanche prochain», lança l'inspecteur Cliquot tout (12. fröhlich) ________ en passant la porte.

C'était un beau matin estival. Le soleil brillait sur la capitale. L'inspecteur Cliquot respira profondément et regarda le ciel bleu. Ce faisant, il ne remarqua pas les yeux des passants se river sur sa chemise toujours parsemée de tâches.

L'inspecteur Cliquot décida d'entreprendre une petite promenade à travers la ville.

Après ce riche et copieux petit-déjeuner, une petite promenade digestive ne pouvait pas faire de mal. Du reste, il était dans la police, et dans ce métier, la forme physique était une condition indispensable.

Il longea la rue à grandes enjambées. Quelques passants, parmi lesquels également de jeunes femmes, l'observèrent. L'inspecteur Cliquot gonflait la poitrine tant il était fier.

Il faut dire que son allure en imposait. Et même s'il n'était plus tout jeune, on se retournait encore sur lui. Et il savait quel effet il faisait aux femmes.

ÜBUNG 8 !

Übung 8: Übersetzen Sie und enträtseln Sie das Lösungswort!

1. Spaziergang ☐ _ _ _ _ _ _ _ _
2. Voraussetzung _ ☐ _ _ _ _ _ _ _
3. Himmel _ _ _ ☐
4. Brust _ _ ☐ _ _ _ _ _
5. Hauptstadt ☐ _ _ _ _ _ _ _
6. Sonne _ _ _ _ ☐ _

7. Wirkung □ _ _ _ _

8. Frühjahr _ □ _ _ _ _ _ _ _

Lösungswort: _ _ _ _ _ _ _ _ _

Übung 9: Fügen Sie das passende Adverb der Zeit ein!
(aujourd'hui, soudain, maintenant, parfois, jamais, continuellement)

1.__________, quelque chose se mit à bourdonner dans la poche intérieure de son veston. L'inspecteur Cliquot eut un sursaut. Était-ce un insecte? Ah non, c'était seulement son téléphone portable qui vibrait. Ce petit appareil assommant ne vous laissait donc 2.__________ en paix, pas même le dimanche. L'inspecteur Cliquot pensait 3.__________ avec mélancolie aux temps où tout téléphone digne de ce nom avait encore un câble, comme il se doit. Tandis qu'4.__________, tous ces téléphones sans fil émettaient Dieu sait quelles ondes. Et vu comme tout le monde autour de lui téléphonait 5.__________, l'air ambiant devait être constellé de ces ondes. On pouvait se croire dans un four à micro-ondes. À contre-cœur, l'inspecteur Cliquot sortit son téléphone. À la vibration s'était 6.__________ ajoutée la sonnerie: l'air de l'hymne national retentit alors.

L'inspecteur Cliquot se racla la gorge et chercha le bouton «on». Ces engins modernes étaient si petits qu'on pouvait à peine discerner les touches. Si ça continuait comme ça, on finirait par devoir se tailler les doigts pour pouvoir téléphoner.

Übung 10: Setzen Sie die richtigen Verbformen im Präsens ein!

«Oui, allô? Ici l'inspecteur Cliquot, dit l'inspecteur dans le combiné. Que (1. pouvoir)__________ je faire pour vous?

– Allô, bonjour Inspecteur, répondit la voix à l'autre bout du fil. J'(2. espérer)__________ que je ne vous (3. déranger)__________ pas, un dimanche, de si bon matin.

– Non, ça (4. aller)__________», dit l'inspecteur Cliquot. Il avait reconnu la voix. C'était un de ses collègues de la centrale téléphonique.

«Qu'y (5. avoir)__________-t-il donc de si important?

– On nous a signalé qu'un imposteur (6. être)__________ de nouveau sur les routes. Il s'(7. s'agir)__________ d'un jeune homme qui (8. essayer)__________ de vendre la Tour Eiffel à des touristes naïfs.»

«Cela (9. recommencer)__________», pensa l'inspecteur Cliquot. Ce truc était vieux comme le monde.

Il fut un temps d'ailleurs où il avait effectivement marché. Un truand dans les années 20 avait pu gagner une petite fortune en vendant la

Tour Eiffel à de riches Américains. Mais si la décennie était passée, les idiots, eux, étaient toujours là.

«Et dans quel coin (10. traîner) ______ le fripon à présent?» demanda l'inspecteur.

«Eh bien, assez logiquement, sur la Tour Eiffel. Un passant observateur nous en a informé. Il porte un costume bleu et une cravate rouge vif.
– Aha, répondit l'inspecteur Cliquot. Et à quoi ressemble notre truand?»
Il y eut un court silence gêné au bout de la ligne.
«Non, Inspecteur, c'est le truand qui porte un costume bleu et une cravate rouge, pas le passant.
– Aha, je comprends. Vous devriez apprendre à vous exprimer plus précisément, mon jeune ami, dit l'inspecteur. Quoiqu'il en soit, je vais m'en occuper. Inspecteur Cliquot. Terminé.
– Euh, oui, merci, Inspecteur. Au revoir.»
L'inspecteur Cliquot hocha la tête. C'était incroyable. Qui ne faisait-on pas entrer dans la police aujourd'hui . . . De son temps, on n'aurait jamais vu cela.

Übung 11: Welche Wörter gehören zusammen?

1. bleu	☐	a) bonbon
2. rouge	☐	b) émeraude
3. jaune	☐	c) d'azur
4. blanc	☐	d) sang

5. noir ☐ e) comme neige

6. gris ☐ f) souris

7. rose ☐ g) citron

8. vert ☐ h) comme du charbon

L'inspecteur regarda autour de lui. Par chance, il ne se trouvait pas très loin de la Tour Eiffel. Le symbole de la ville était nettement plus haut que les bâtiments d'alentour.

L'inspecteur Cliquot se hâta à grands pas.

Il allait l'épingler, cette fripouille ...

Au bout de quelques minutes seulement, il était au pied de la Tour Eiffel. Il regarda vers le haut, plein de respect.

La Tour Eiffel avait été construite à l'occasion de l'Exposition Internationale de 1889. Il fallait gravir 1652 marches pour arriver au sommet, mais heureusement, il y avait aussi un ascenseur. Il n'en demeurait pas moins que ce colosse d'acier mesurait 300 mètres de haut. Seul en hiver, quand il faisait froid, la Tour Eiffel perdait quelques centimètres.

L'inspecteur Cliquot s'était toujours demandé si le nombre de marches lui aussi diminuerait un jour.

Quoiqu'il en fût, l'instant présent n'était pas celui de considérations scientifiques. Là-haut, un imposteur était en train de sévir et de soutirer de l'argent à d'innocents visiteurs. L'inspecteur Cliquot scruta les alentours. Comme toujours, des touristes faisaient la queue devant l'ascenseur. Mais l'inspecteur n'avait pas l'intention d'attendre son tour. Après tout, à quoi cela servait-il d'être dans la police, si ce n'était à ce genre de choses?

Il sortit sa carte de police de sa poche et la brandit en l'air.

«Police! Laissez passer s'il vous plaît!»

Alors qu'il commençait à se frayer un chemin entre les touristes, un petit garçon lui fit un croc-en-jambe!
«Hey, Vordrängeln gibt's nicht, s'écria celui-ci.
– Kai-Uwe! Benimm dich!» dit la mère à son rejeton.
Puis elle se retourna vers son mari. Chaque membre de la famille portait un short et un T-shirt à motifs bizarres.
«Was hat der Kerl denn gesagt? demanda la femme à son mari.
– Keine Ahnung, répondit ce dernier. Die sprechen doch hier alle Französisch.»
L'inspecteur Cliquot haussa les épaules. C'étaient des touristes. Et à les entendre parler, des Allemands. Typique, aucune tenue, ces Teutons!
L'inspecteur Cliquot se résolut finalement à faire la queue. Ce qu'il voulait, c'était l'imposteur sur le vif. Il aurait été maladroit d'attirer l'attention sur lui dès maintenant.
L'inspecteur Cliquot dut attendre quelques minutes avant de pouvoir monter dans l'ascenseur. La famille allemande monta avec lui. Durant toute la montée, le jeune garçon fixa l'inspecteur, l'air méfiant.
«Si tu étais mon fils ...», pensa l'inspecteur.

Übung 12: Finden Sie die weibliche Entsprechung für die männlichen Ausdrücke!

1. homme ____________
2. monsieur ____________
3. mari ____________
4. ami ____________

5. garçon ....

6. père ....

7. fils ....

8. frère ....

9. oncle ....

10. cousin ....

11. beau-père ....

12. neveu ....

13. gendre ....

Au coup de gong, la porte s'ouvrit. L'ascenseur était arrivé au premier étage. Ici, on avait installé un petit musée et un bureau de poste.

L'inspecteur Cliquot avait décidé de commencer ses recherches au deuxième étage. On y trouvait plusieurs petits cafés et des restaurants.

L'ascenseur s'arrêta de nouveau, au deuxième étage cette fois. L'inspecteur s'inclina légèrement et laissa passer la famille allemande.

Le petit garçon jeta un dernier regard sur l'inspecteur Cliquot, lui tira la langue et suivit ses parents.

L'inspecteur Cliquot secoua la tête. Ah, les jeunes d'aujourd'hui ...

Puis il posa lui aussi le pied sur la plate-forme. Ici, tout en haut, soufflait une brise légère. L'air véhiculait en même temps une bonne odeur de café et de croissants. À cet instant, l'inspecteur regretta d'avoir déjà pris son petit-déjeuner.

Il regarda autour de lui. Cette plate-forme aussi était pleine de touristes. Ceux-ci admiraient la construction et prenaient des photos.

Übung 13: Wie heißen die zusammengesetzten Substantive? Setzen Sie die richtige Ziffer ein!

ÜBUNG 13 !

1. plate-	☐	a) plan
2. grand-	☐	b) préfet
3. petit-	☐	c) déjeuner
4. nouveau-	☐	d) clé
5. arrière-	☐	e) forme
6. sous-	☐	f) parleur
7. mot-	☐	g) mère
8. haut-	☐	h) cour
9. basse-	☐	i) temps
10. mi-	☐	j) né

L'inspecteur Cliquot se dirigea vers le restaurant le plus proche. Non pas parce qu'il soupçonnait le scélérat de s'y trouver, mais parce qu'une irrésistible odeur de café s'en dégageait.

Übung 14: Unterstreichen Sie sechs Wörter, die einen Betrüger bezeichnen!

ÜBUNG 14 !

Pour traquer un malfrat comme celui-ci, il fallait avoir ses cinq ou six sens en éveil. Et rien n'aiguisait plus les sens que le deuxième café du matin.

L’inspecteur Cliquot entra dans le petit restaurant. Il étudia les prix sur le petit tableau placé à côté du bar.
Mon Dieu, se dit-il, ce sont les propriétaires de ce restaurant que je devrais arrêter, pour pratique de prix exorbitants.
Ce sont de vrais voleurs! D’un autre côté, en même temps qu’un repas hors de prix, les touristes pouvaient profiter également d’une vue fantastique.
«Puis-je vous apporter quelque chose? demanda un serveur en tablier blanc.
– Un verre d’eau du robinet, s’il vous plaît», dit-il. L’eau était moins chère que le café. Et plus saine, aussi.
Le serveur regarda l’inspecteur d’un air désapprobateur.
«Très bien, Monsieur», dit-il et disparut derrière le comptoir.
L’inspecteur Cliquot regarda autour de lui. Le week-end, c’étaient essentiellement des touristes et des provinciaux qui visitaient la Tour Eiffel.
La plupart portaient des vêtements légers et colorés.
Seul un homme ressortait du tableau: un jeune homme élégant en costume bleu et cravate rouge. Il était debout, à la fenêtre du restaurant, et était en train de parler avec un touriste.
L’inspecteur Cliquot n’entendait pas leur conversation. Mais au bout de quelques secondes, le touriste hocha la tête et continua son chemin.
«Ce doit être notre arnaqueur!» déduit le perspicace inspecteur Cliquot.
Mais comment devait-il s’y prendre? Le mieux était de se faire passer pour un naïf touriste et ainsi de prendre l’imposteur au piège.
L’inspecteur Cliquot se racla la gorge et alla s’appuyer à la fenêtre, faisant mine de vouloir admirer le panorama. Le jeune homme en costume bleu ne tarda pas à l’aborder.
«C’est une vue superbe, n’est-ce pas?» demanda-t-il.

L'inspecteur Cliquot prit un air surpris et considéra son vis-à-vis. «Oui, en effet. Et dire que je n'étais encore jamais venu ici auparavant, quelle honte!»
L'escroc ouvrit de grands yeux étonnés.
«Comment cela? demanda-t-il. Vous n'étiez jamais venu ici jusqu'à aujourd'hui? À la Tour Eiffel? À Paris?
– Non, malheureusement pas», répliqua l'inspecteur Cliquot. Puis, tendant la main au jeune homme: «Permettez que je me présente: euh, Victor Lustig, c'est mon nom. Je suis ... homme d'affaires, je viens d'Allemagne.»
Le jeune homme se présenta à son tour en serrant la main de l'inspecteur: «Pierre Garnier. Puis-je vous demander dans quelle branche vous travaillez, Monsieur Lustig?»
L'inspecteur Cliquot réfléchit brièvement.
«Dans la sécurité, dit-il enfin. Je veille à ce que les gens se sentent en sécurité.
– Ah, je vois, répondit le filou. Une branche qui a de l'avenir, je suppose.
– Oh, les affaires vont bien. Il y a toujours à faire», dit l'inspecteur.

Übung 15: Fügen Sie das passende Demonstrativpronomen ein!
(ce, cet, ces, cette, c', cela)

ÜBUNG 15 !

Apparemment l'inspecteur Cliquot venait de prononcer le mot-clé que le jeune homme attendait. 1. ________ dernier regarda autour de lui pour s'assurer que personne ne les écoutait. Puis il se racla la gorge et dit: «Je travaille moi-même pour le ministère de l'Intérieur.» Et il ajouta, d'une voix pleine de mystère. «Je suis actuellement en mission, une mission très délicate.

– Ah oui? demanda l'inspecteur, l'air intéressé. De quoi s'agit-il?

– Eh bien, vous avez certainement déjà entendu dire que les finances de la ville de Paris ne sont pas au beau fixe.

– Assurément, dit l'inspecteur. L'argent est une denrée rare 2. ______________ temps-ci.

– Absolument, Monsieur. Et l'un des principaux problèmes de 3. ______________ ville, 4. ______________ est justement 5. ______________ bâtiment.»

L'inspecteur regarda autour de lui.

«6.______________ restaurant? Avec de tels prix?

– Quoi? Ah non, je ne parle pas de 7. ______________ établissement, mais de la Tour Eiffel. Bien sûr, elle est le symbole de la ville, mais elle est aussi très vieille. Il y a toujours quelque chose à restaurer. Rien que la repeindre, 8. ______________ coûte déjà une fortune. C'est pourquoi le conseil municipal a décidé de la vendre.

– De la vendre? demanda l'inspecteur Cliquot avec étonnement. C'est incroyable!

– Oui, mais 9. ______________ est la seule façon de sauver 10. ______________ attraction historique. L'alternative serait ... la démolition.

– Mais, c'est épouvantable! s'écria l'inspecteur.

– En effet», reconnut le jeune homme.

Übung 16: Unterstreichen Sie die sinnvolle Alternative!

Il se saisit alors d'un élégant petit attaché-case, le posa sur la table et l'ouvrit. À (1. l'intérieur/l'extérieur), il y avait des prospectus de couleur et des formulaires.
Le jeune homme en sortit un.
«Nous offrons aux personnes intéressées et (2. peu fortunées/aisées) la possibilité d'acheter une partie de la Tour Eiffel. (3. En contrebas/En contrepartie), une part des recettes provenant des restaurants, des tickets d'entrée et des souvenirs vous revient. Et naturellement on vous remet un titre de propriété, très beau dans un cadre orné de dorures!
– C'est incroyable! s'écria l'inspecteur Cliquot. Puis il baissa la voix. Et le hasard veut que je sois actuellement à la recherche d'un placement (4. lucratif/décoratif).
– Et bien, vous venez de le trouver! dit le jeune homme avec un sourire.
– À combien une telle proposition peut-elle s'élever? demanda l'inspecteur Cliquot, curieux.
– Eh bien, tout dépend de l'importance de la part que vous souhaitez acquérir. Les prix s'échelonnent entre 5000 et 500.000 euros.
– Jeune homme, voyez-vous, je suis très intéressé. Où faut-il signer? J'aimerais acquérir une part d'une valeur de 100.000 euros.»
(5. Déçu/Radieux), l'escroc sortit un formulaire de son attaché-case

et le posa sur la table. Puis il prit un stylo dans la poche de sa veste et le tendit à l'inspecteur Cliquot.
«Signez tout en (6. bas/haut), je vous prie. C'est une bonne décision de votre part. Vous ne le regretterez pas!
– Non, certainement pas», répondit l'inspecteur Cliquot avec un petit sourire. Et il signa.
«Et voilà qui est fait!»
L'inspecteur Cliquot rendit le contrat et observa (7. avec amusement/avec tristesse) la réaction de l'escroc. Le visage de ce dernier se figea (8. de joie/de stupeur).
Au lieu de signer, l'inspecteur Cliquot avait écrit la phrase (9. suivante/précédente): «Je vous (10. remercie/arrête)». L'escroc dévisagea l'inspecteur.

«Pas de chance, l'ami. Voilà ce qui arrive quand on essaie de se payer la tête de l'inspecteur Cliquot.»
L'escroc ne répondit pas. Au lieu de cela, il attrapa l'attaché-case et le jeta sur l'inspecteur Cliquot.
«Eh ...» eut-il à peine le temps de crier, avant que la mallette ne lui claque au visage. Par malheur, celle-ci se referma et coinça le nez de l'inspecteur.
«Aïe» cria l'inspecteur Cliquot en tentant d'arracher l'attaché-case. Quand il eut enfin réussi à s'en libérer, l'escroc avait disparu.

Übung 17: Fügen Sie die passende Präposition ein!
(en direction, sur, en dessous, par-dessus, en, par, dans, hors, avec, devant)

L'inspecteur Cliquot se précipita 1.__________ du restaurant, heurtant au passage le serveur qui sortait justement des cuisines avec le verre d'eau commandé.

Le serveur tomba à terre, et 2.__________ lui le verre d'eau qui éclaboussa une bonne partie de la salle.

L'inspecteur Cliquot n'y prêta aucune attention.

Où le type avait-il disparu?

3.__________ les ascenseurs, toute une file de passagers attendaient la prochaine cabine. Le malpropre n'avait donc pas pu monter 4.__________ l'ascenseur.

Alors il avait pris la fuite 5.__________ les escaliers.

L'inspecteur Cliquot se précipita 6.__________ des escaliers. Cette descente serait une bonne occasion de dépenser l'énergie apportée par son riche petit-déjeuner.

Et effectivement, lorsque l'inspecteur Cliquot regarda 7.__________ la rampe, il aperçut 8.__________ le palier l'escroc 9.__________ fuite quelques mètres plus bas.

«Arrêtez-vous! Police!» cria l'inspecteur Cliquot, mais le filou n'entendait pas.

L'inspecteur Cliquot descendait les marches deux par deux, trois par trois et même quatre à quatre. Ses longues jambes l'avantageaient clairement. 10.______________, il entendait le fuyard respirer avec difficulté.

L'inspecteur poussa un groupe de Japonais étonnés sur le côté. Puis enfin il atteignit le sol.
Le malfaiteur courait en direction de la Seine. L'inspecteur le rattrapa en quelques pas. Plus que quelques secondes et il mettait la main dessus.
L'escroc traversa l'Avenue de New York, sans regarder à droite ni à gauche. Des voitures freinèrent brusquement, leurs pneus crissèrent. Le fuyard passa entre les voitures.
L'inspecteur Cliquot le suivait toujours. Il traversa lui aussi la rue. Soudain il entendit le hurlement des sirènes de police. Sans s'arrêter, il regarda autour de lui.
Une douzaine de motards descendaient l'avenue, gyrophares allumés.
«Eh bien, pensa l'inspecteur Cliquot, étonné. Est-ce que la centrale m'a envoyé du renfort? Et tout de suite une douzaine de motards? Est-ce que ce n'est pas un peu exagéré?»
Mais l'inspecteur Cliquot avait maintenant un autre problème: les motards roulaient si vite qu'ils n'allaient pas pouvoir l'éviter.
Le premier conducteur de la file essaya de freiner. C'est alors que sa roue avant quitta la route. Dans un grand bruit de ferraille, lui et sa moto tombèrent à terre – sans se blesser, heureusement.
«Voilà ce qui arrive quand on roule trop vite», pensa l'inspecteur Cliquot en continuant sa course. Les collègues devaient se débrouiller seuls, lui, il devait absolument arrêter ce dangereux criminel.
L'inspecteur Cliquot venait à peine de traverser la rue que le deu-

xième motard rentra en collision avec la moto de son collègue. Lui aussi tomba à terre.
Il en fut de même pour les dix policiers suivants.
Un bruit terrible retentit dans la rue quand les motards rentrèrent les uns dans les autres.
Comme par miracle, il n'y eut là encore aucun blessé.
Le passager de la limousine noire n'eut pas tout à fait autant de chance. C'était pour la limousine que l'escorte de motards était là. À vrai dire, elle était sur le chemin du Palais de l'Élysée où le passager arrière qu'elle transportait, une grande figure politique en visite officielle, devait rencontrer le Président. Mais le chauffeur avait dû freiner brutalement. Et le passager s'était cogné la tête contre le dossier du siège avant.
L'étape suivante de son voyage était maintenant l'hôpital le plus proche.

Übung 18: Enträtseln Sie die folgenden Definitionen!

ÜBUNG 18 !

1. Cet homme travaille dans la police. Il est ______.
2. Ce policier conduit une moto. C'est un ______.
3. Cet homme fait le service dans un restaurant. Il est ______ ______.
4. Cet homme fait beaucoup de voyages. C'est un grand ______ ______.
5. Cet homme fait énormément de sport. C'est un ______.

6. Cet homme a cambriolé plusieurs banques. C'est un ____________.

7. Cet homme est en prison. C'est un ____________.

8. Cet homme donne des cours de piano. Il est ____________.

9. Cet homme distribue chaque jour le courrier. Il est ____________.

10. Cet homme est en vacances. C'est un ____________.

Cliquot ne savait rien de tout cela. Il n'avait d'yeux que pour le fuyard. Et celui-ci était pris au piège! Devant lui, il y avait la Seine, et derrière lui, l'inspecteur Cliquot.
Il n'y avait plus aucune issue. Désespéré, l'escroc s'arrêta et se tourna vers l'inspecteur.

ÜBUNG 19 !

Übung 19: Fügen Sie das passende Possessivpronomen ein!
(son, sa, ses, leur, leurs)

Puis il sortit 1.____________ arme.

L'inspecteur Cliquot s'arrêta lui aussi. Quelques passants effrayés prirent 2.____________ jambes à 3.____________ cou.

«Ne faites pas un pas de plus, cria l'imposteur. Sinon je tire!»

L'inspecteur Cliquot ne bougeait pas d'un pouce, il fixait l'escroc droit dans les yeux.

«Ne faites pas de bêtises, mon garçon, dit seulement l'inspecteur. Vous ne savez pas à qui vous avez affaire!»

L'homme armé déglutit. Il regarda l'inspecteur. Celui-ci portait encore 4.__________ béret basque. 5.__________ yeux lançaient des éclairs. 6.__________ chemise était toujours couverte de tâches.

Derrière lui s'élevait un nuage de fumée, causé par la file des motos accidentées.

Tout cela en était trop pour l'escroc. 7.__________ mains tremblaient. Il finit par laisser tomber 8.__________ pistolet.

«C'est bon, dit-il. Je me rends! Arrêtez-moi! Je veux aller en prison! Peut-être que là au moins je n'aurai rien à craindre de vous!»
L'inspecteur Cliquot eut un sourire de satisfaction. Il s'avança et passa les menottes au jeune homme. Celui-ci ne montra aucune résistance. Une fois encore, l'inspecteur Cliquot avait montré la supériorité de ses talents de justicier, et la justice avait triomphé.
«Mes supérieurs vont être fiers de moi», pensa l'inspecteur Cliquot en emmenant l'imposteur tout tremblant.

Le préfet de police faisait les cent pas dans son bureau en secouant la tête.
«Mais que peut-on bien faire de lui?» demanda-t-il.
On ne saurait dire si la question s'adressait à lui-même où à son adjoint qui était assis à la table de conférences.
«Cet homme est un vrai danger public.»
Le chef de police adjoint – un homme connu pour être prudent et réfléchi – plissa le front.
«Mais, Monsieur le Préfet, nous ne devons pas oublier que l'inspecteur Cliquot jusqu'à présent a résolu toutes les affaires. Absolument

toutes, sans exception. Dans l'histoire de la police parisienne, on n'a encore jamais vu un tel taux de réussite.
– Et alors, hurla le préfet. En échange, ce cinglé représente aussi une menace encore jamais vue. Tenez! Lisez plutôt ça!»

Übung 20: Übersetzen Sie!

1. Die Passanten haben nur Augen für die schwarze Limousine.

2. Inspektor Cliquot rührte sich nicht von der Stelle.

3. Wir haben es mit dem Minister zu tun.

4. Der Gefangene geht in seiner Zelle auf und ab.

5. Dieser Taxifahrer rast: Er ist gemeingefährlich!

Il désigna une pile de journaux. Tous ne parlaient que d'un sujet: «Un inspecteur de la police parisienne fait du tapage dans un restaurant», voilà ce qui apparaissait en gros caractères dans le premier journal de la pile, «Un policier terrorise la population» en première page du deuxième. Le troisième journal disait même: «Un inspecteur de la police parisienne à l'origine d'un scandale diplomatique». Le préfet donna un coup de poing rageur dans la pile de journaux qui atterrit par terre.

Übung 21: Übersetzen Sie die Ländernamen! Vergessen Sie die Artikel nicht!

1. Frankreich: ……
2. die Vereinigten Staaten: ……
3. Deutschland: ……
4. Italien: ……
5. Spanien: ……
6. Großbritannien: ……
7. Polen: ……
8. die Niederlande: ……
9. Schweden: ……
10. Japan: ……
11. Brasilien: ……
12. Marokko: ……
13. die Türkei: ……
14. die Karibik: ……

«L'inspecteur Cliquot a fait de l'escorte réservée au président des États-Unis un désordre complet. Au fait, qu'y a-t-il à la télévision ce soir?
– Est-ce que vous n'exagérez pas un peu, Monsieur le Préfet? demanda l'adjoint avec prudence.
– Exagérer? s'écria le préfet. Tout son visage rougit de colère. Le président était ici pour détendre les relations entretenues par les États-Unis et la France. Et maintenant il est sur un lit d'hôpital avec une commotion cérébrale. Vous vous rendez compte des conséquences en matière de politique extérieure?»
L'adjoint fit un signe de tête. Cette fois-ci, l'inspecteur Cliquot avait quand même peut-être exagéré un peu.
Mais il y avait peut-être un moyen de garder l'inspecteur Cliquot sous contrôle.
«Ce qu'il nous faut, c'est une affaire qui occupe Cliquot et dans laquelle il ne risque pas de mettre la vie de quiconque en danger.
– Oui, c'est bien dommage que la France n'ait plus de colonies. Sinon on l'aurait envoyé sur une île isolée.
– C'est peut-être déjà suffisant de le tenir en haleine avec une affaire peu importante. Et de mettre un assistant à ses côtés, quelqu'un qui serait le complet opposé de l'inspecteur Cliquot. Cela le freinerait sûrement un peu.»
Le préfet regarda son adjoint d'un air intéressé.
«Ça n'est pas bête du tout, mon cher. Et tel que je vous connais, vous devez déjà avoir quelqu'un en vue.»
L'adjoint fit un petit sourire.
«En effet, Monsieur le Préfet. J'ai déjà chargé ma secrétaire d'informer le candidat en question.»
Le Préfet soupira.
«Pourvu que votre plan fonctionne, mon cher. Je n'ose imaginer ce qui peut arriver si l'inspecteur Cliquot continue longtemps ainsi.»

Übung 22: Füllen Sie die Lücken mit dem passenden Ausdruck!
(en tête, en haleine, en vue, en toute connaissance de cause, en question, en jeu, en doute, en avance, en route, en conséquence)

1. Voilà trois semaines qu'il pleut, et il n'y a toujours pas d'amélioration ______________.
2. On m'a dit que la personne responsable du service clientèle me rappellerait sous peu, mais la personne ______________ ne m'a jamais contacté.
3. Nous n'abandonnerons pas, car c'est avant tout notre honneur qui est ______________.
4. Si tu mets ma parole ______________, c'est que tu n'as pas confiance en moi.
5. Pour moi, un bon roman policier doit tenir le lecteur ______________ jusqu'à la fin.
6. Je n'ai plus ton adresse ______________, peux-tu me la rappeler?
7. Les artistes trop ______________ sur leur temps ne connaissent généralement pas le succès de leur vivant.
8. Si nous voulons arriver avant la nuit, il faut que nous nous mettions ______________ sans plus tarder.
9. Ne t'inquiète pas, je sais ce que je fais: j'agis ______________.
10. Tu as copié sur ton voisin: tu seras noté ______________.

Nathalie Claudel était devant un rayonnage et sortit un classeur. Lettre «B», voilà exactement ce qu'elle cherchait.

Elle remit ses lunettes en place et souffla pour enlever la poussière qui s'était accumulée sur le classeur.
Visiblement personne n'avait touché ces dossiers depuis des années. La poussière s'éleva dans un tourbillon et Nathalie ne put s'empêcher d'éternuer. Elle était allergique à la poussière, à toute sorte de poussière. De ce point de vue, sa place d'archiviste dans la police n'était pas tout à fait la plus appropriée qui soit.
Mais Nathalie aimait son travail. Elle s'y retrouvait mieux que personne dans cette espèce de cave où l'on entreposait des dossiers en nombre infini. Les visiteurs étaient chaque fois impressionnés par la longueur des couloirs.
Il arrivait aussi que certains se perdent, là, en bas. Les rangées d'étagères formaient un véritable labyrinthe.
Mais Nathalie trouvait son chemin les yeux fermés.
Elle était sur la fin de la vingtaine et portait des lunettes en écaille avec un épais bord noir. Une natte nouait ses cheveux blonds, lui donnant un air sévère.
Si on l'imaginait sans ses lunettes, Nathalie était une très jolie femme. Seulement il était rare que quelqu'un le remarque.
La plupart du temps, elle restait en bas, tout seule dans les archives. En fait elle aimait ça. Ici, elle était seule au milieu de ses dossiers, bien tranquille.
Nathalie aimait être au calme.

Übung 23: Unterstreichen Sie die Synonyme für die Ausdrücke im Text!
(1. normalement, 2. soudain, 3. de femme, 4. surprise, 5. sèche, 6. pâle, 7. à l'heure, 8. peu fréquemment)

C'est pourquoi elle sursauta d'autant plus, lorsque le téléphone, tout à coup, se mit à sonner. La sonnerie du téléphone était chose si rare ici, que Nathalie, de frayeur, en laissa tomber son classeur. Il tomba par terre et un nouveau nuage de poussière s'éleva.
Nathalie là encore se mit à éternuer. Puis elle courut vers le téléphone. Celui-ci était posé sur une petite table et était lui aussi recouvert de poussière. Il servait si rarement ici.
Nathalie décrocha.
«Allô? dit-elle presque timidement.
– Vous êtes bien Nathalie Claudel, des archives?» Une voix féminine assurée était au bout du fil.
«Mademoiselle Claudel, ici la secrétaire personnelle du sous-préfet de police.»
Nathalie devint blême. Plus blême encore qu'elle ne l'était habituellement.
«Ça y est, ils vont me renvoyer», pensa-t-elle tout de suite, bien qu'elle n'ait jamais rien eu à se reprocher.
«Que ... que puis-je faire pour vous? demanda Nathalie pleine d'émotion.
– Le sous-préfet voudrait vous voir. Dans une heure. Dans les bureaux du préfet de police.
– Pardon, je vous prie, dit Nathalie, étonnée. Le sous-préfet? Dans le bureau du préfet? Mais ... pourquoi cela?
– Il vous l'expliquera lui-même, répondit la secrétaire, un peu bourrue. Soyez seulement là dans une heure. Et soyez ponctuelle, si je

puis me permettre», ajouta-t-elle d'une voix qui ne permettait aucune discussion.

Cela dit, la secrétaire raccrocha.

Nathalie reposa alors le combiné et d'appréhension, se mit à éternuer.

Que pouvait bien lui vouloir le préfet adjoint?

Ça n'annonçait certainement rien de bon ...

Ça ne peut annoncer que du bon, pensa l'inspecteur Cliquot en vérifiant encore une fois le tomber de sa cravate dans le miroir. Il se trouvait dans l'antichambre du bureau du préfet.

L'inspecteur Cliquot lui aussi avait été convoqué par la secrétaire.

Il devait certainement s'agir de félicitations officielles, peut-être même d'un avancement.

Sans fausse modestie, l'inspecteur Cliquot trouvait l'avoir mérité.

Après tout, depuis le début de sa carrière, il avait réglé chaque affaire. Son parcours était un sans-faute.

ÜBUNG 24 !

Übung 24: Setzen Sie die Verben an der richtigen Stelle ein!
(est, voudrais, envoie, dirigera, arrive, vois, venons, veut, continua, attendent)

La secrétaire du préfet ne sembla pas ravie de voir arriver l'inspecteur Cliquot. C'est alors que l'interphone de son bureau sonna.

«Très bien, Monsieur le Préfet, dit-elle dans le microphone. Je vous l'1. ____________.»

L'inspecteur Cliquot regarda la secrétaire, brûlant d'impatience.

«Vous pouvez entrer, maintenant, Inspecteur, finit-elle par dire sans même un sourire. Le préfet et son adjoint vous 2. __________ . Bien que je ne trouve pas très prudent le fait que vous soyez dans une pièce avec à la fois le préfet et son adjoint réunis. Qui 3. __________ la police, s'il leur 4. __________ quelque chose à tous les deux? Avec vous on ne sait jamais.»

«Qu'est-ce que ça 5. __________ dire encore?» se dit l'inspecteur Cliquot intérieurement.

Cette femme était tout simplement jalouse. Au fond, ce n'était pas tous les jours qu'on avait rendez-vous avec le préfet et son adjoint en même temps.

L'inspecteur Cliquot resserra une dernière fois sa cravate. Puis, il ouvrit la porte du bureau.

«Ah, bonjour, mon cher Cliquot», dit le préfet de police en serrant la main de l'inspecteur. L'adjoint le salua lui aussi d'une poignée de mains.

«Je suis heureux, 6. __________ le préfet, que vous ayez pu faire en sorte de venir. Nous savons tous, que vous êtes . . . que vous êtes très occupé.

– Je vous en prie, Monsieur le Préfet. C'est pour moi un grand honneur.

– Bien, 7. __________ -en au fait, mon cher Inspecteur, dit le préfet. Je 8. __________ vous confier une nouvelle affaire. Une affaire de haute importance, pas seulement pour Paris mais pour l'ensemble du pays.

– Je 9.____________, dit l'inspecteur Cliquot, alors que sa poitrine gonflait de fierté. Il y va de la sécurité nationale, n'10.____________-ce pas?» demanda-t-il.

Le préfet secoua la tête.
«Pas tout à fait, mon cher, pas tout à fait. Nous avons déjà exposé toute l'affaire à Mademoiselle Claudel. Elle vous soutiendra sur cette affaire, elle sera votre assistante.
– Mademoiselle Claudel? demanda l'inspecteur, surpris. Mais qui est-ce?»
Le préfet désigna son bureau d'un signe de la tête.
Une jeune femme était là.
Elle portait une paire de lunettes noire en écaille et elle était si pâle que l'inspecteur Cliquot faillit ne pas la voir. La jeune femme fit un petit signe timide à l'inspecteur.
«Bonjour, Monsieur l'Inspecteur, dit-elle avec un sourire.
– Voici Nathalie Claudel, dit le préfet. C'est elle qui vous assistera lors de toute nouvelle mission, Inspecteur.»
L'inspecteur s'avança vers la jeune femme et lui serra la main.
«Enchanté de vous connaître, Mademoiselle», dit-il. Puis il se tourna vers le préfet.
«Et de quoi s'agit-il exactement?
– Eh bien, cher Inspecteur, comme je vous le disais, il s'agit d'une affaire d'une extrême importance, ni plus ni moins que du légendaire trésor de Louis XIV!»
L'inspecteur déglutit.
C'était en effet très sérieux.

«Louis XIV? demanda-t-il encore une fois. Le Roi Soleil?
– Lui-même, absolument. Comme vous le savez peut-être, notre cher roi était immensément riche.»
Le préfet adjoint éclata de rire.
«C'est vrai. Chaque fois qu'il avait besoin d'argent, il augmentait tout simplement les impôts. Vu comme ça, c'était un homme politique très moderne.»
Le préfet de police acquiesça.
«C'est ainsi. Quoiqu'il en soit, Louis XIV n'était pas seulement riche, il avait aussi constamment peur des complots. C'est pourquoi, d'après la légende, il aurait mis une énorme quantité d'or de côté et l'aurait cachée, en prévision de ses vieux jours peut-être, ou au cas où il aurait dû fuir subitement le pays. Or, comme vous le savez, Louis XIV a régné jusqu'à sa mort. Il n'a jamais utilisé ses réserves d'or et jusqu'à aujourd'hui, elles sont restées introuvables. Personne ne sait où il les a cachées.
– Je vois, murmura l'inspecteur Cliquot. Et en quoi cela nous concerne-t-il, Mademoiselle Claudel et moi?»

Übung 25: Finden Sie das Adjektiv (in der männlichen Form), von dem das Adverb stammt!

1. exactement ______________
2. seulement ______________
3. simplement ______________
4. immensément ______________
5. brièvement ______________

6. actuellement ______

7. heureusement ______

8. certainement ______

9. constamment ______

10. prudemment ______

Le préfet fit le tour de son bureau. Il prit un dossier, qui était posé dessus.

«Il y a toujours des ... euh, des contemporains, qui prétendent savoir où est caché le trésor. J'ai ici quelques documents concernant une certaine Madame Delacroix. C'est une dame âgée qui affirme être en possession d'une lettre du roi Louis XIV, ou plus exactement, avoir été en sa possession. Avant qu'elle ne lui soit dérobée.

– Vous voulez dire volée, dit l'inspecteur en plissant le front.

– Exactement, mon cher, répondit le préfet. Madame Delacroix affirme que l'un de ses ancêtres était un garçon d'écurie de Louis XIV. Durant sa jeunesse, il sauva un jour le roi, alors que son cheval s'emballait ...»

ÜBUNG 26 !

Übung 26: Tragen Sie das passende Wort ein!
(experte, devoir, vous, recherche, compter, feuilleter, légua, cachette, faculté, telle)

Le préfet se mit à 1.______ le dossier.

«Que s'est-il passé ensuite? Ah, voilà, c'est ici: Pour remercier le jeune et fidèle garçon d'écurie, le roi lui 2.______ une petite maison de campagne. En outre, il existe une lettre du roi adressée au jeune homme, dans laquelle la 3. __________ du trésor serait révélée.

– Je vois, dit l'inspecteur Cliquot. Et c'est cette lettre en question qu'on a volée à la vieille dame.

– Votre 4. __________ d'interprétation est remarquable, Inspecteur», dit le préfet. Puis il glissa un papier dans la main de l'inspecteur.

«Voici l'adresse de Madame Delacroix. Il faut que vous tentiez de retrouver la lettre. Il semble que quelqu'un soit à la 5. __________ du trésor. Mais une 6. __________ fortune ne doit pas tomber entre les mains de voleurs! Mademoiselle Claudel vous aidera dans vos recherches. C'est une 7. __________ des documents anciens.

– Je vois», dit l'inspecteur Cliquot en prenant le papier. Puis, se tournant vers Nathalie Claudel: «Venez, Mademoiselle. Le 8. __________ nous appelle. La patrie a besoin de nous!»

Nathalie acquiesça avec quelque peu d'hésitation. Puis elle suivit l'inspecteur qui lui tenait la porte.

«Après 9. __________, ma chère», dit-il. Puis il se tourna encore une fois.

«Vous pouvez 10. __________ sur moi, Messieurs. Au revoir.»

Le préfet de police fit un signe de tête et attendit que l'inspecteur Cliquot ait fermé la porte derrière lui.

Puis il bondit et félicita son adjoint. Les deux hommes se serrèrent la main.

«Vous avez eu une idée formidable, mon cher, dit le préfet. Nous sommes débarrassés de lui. Il va passer toutes ces prochaines années à rechercher un trésor qui n'est qu'une simple légende.»

Le préfet se dirigea vers une petite armoire et en rapporta un grand calvados.

«Nous allons fêter ça. Vous savez quoi? demanda le préfet au sous-préfet. Eh bien, j'aimerais beaucoup vous donner une promotion, et je le ferais ... si je n'en perdais pas moi-même ma place en même temps!»

Le rire des deux hommes retentit à travers tout le bâtiment.

ÜBUNG 27 !

Übung 27: Finden Sie im folgenden Text die Wörter, die den angegebenen Definitionen entsprechen!

1. coupa la parole ....
2. classer ....
3. surveillaient, observaient avec attention ....
....
4. ne pas prendre le chemin le plus direct faire un ....
....
5. problème ....
6. donnait une impression ....
7. sans se faire remarquer ....

8. en ce qui concerne ....

9. route ....

10. de père ....

«Alors comme ça, vous êtes experte en documents anciens», dit l'inspecteur en regardant sa nouvelle assistante. Ils étaient tous les deux sur le trottoir et guettaient un taxi. Cela donna l'occasion à l'inspecteur d'observer discrètement Mademoiselle Claudel. Elle faisait un peu blanche derrière ses lunettes d'écaille. Mais sinon c'était une très jolie jeune femme. Il aurait pu tomber sur pire.
Nathalie répondit, un peu gênée.
«Eh bien, experte, c'est beaucoup dire. Jusqu'à présent, je n'ai fait que travailler aux archives et trier des dossiers.
– Vraiment? C'est étrange. Mais le préfet doit bien avoir ses raisons d'avoir fait de vous mon assistante. Taxi!»
L'inspecteur Cliquot courut sur la chaussée pour arrêter un taxi qui passait.
La voiture s'arrêta et l'inspecteur Cliquot ouvrit la porte à son assistante.
Puis il monta lui-même et nomma l'adresse inscrite sur le papier.
Le chauffeur de taxi fronça les sourcils.
«Volontiers, Monsieur. Mais il va falloir faire un petit détour. Une partie de la ville est bloquée à cause du …
– Ne faites donc pas tant de discours, mon brave, roulez, c'est tout ce qu'on vous demande», interrompit l'inspecteur Cliquot.
Le chauffeur de taxi haussa les épaules et démarra.
L'inspecteur Cliquot attacha sa ceinture de sécurité et par-dessus son épaule, regarda Nathalie qui était assise sur la banquette arrière.
«Je suppose que vous n'avez pas beaucoup d'expérience en matière de service extérieur? demanda-t-il d'un ton paternel.

– Malheureusement pas, Inspecteur, répondit Nathalie. Ces dernières années, je suis à peine sortie de mes archives.»
L'inspecteur fit un geste de la main.
«Aucun souci. Faites-moi confiance, et il ne pourra rien vous arriver ...»

Un quart d'heure plus tard, le taxi monta sur le bord du trottoir et s'arrêta.
«Je ne peux malheureusement pas aller plus loin», dit le chauffeur. Désignant un barrage: «Il faudra que vous fassiez le reste à pied.
– On devrait pouvoir y arriver! Combien vous dois-je?»
Le chauffeur regarda son compteur.
«Neuf euros et quatre-vingt-dix centimes, s'il vous plaît.»
L'inspecteur Cliquot sortit un billet de dix euros de sa poche.
«Tenez. Gardez la monnaie.
– Oh, merci beaucoup. Monsieur est trop généreux, répliqua le chauffeur de taxi.
– Pas de quoi, mon brave», dit l'inspecteur Cliquot en sortant. Puis il ouvrit la porte à Mademoiselle Claudel.
«L'appartement de Madame Delacroix doit être juste en face», dit-il en montrant un petit immeuble de l'autre côté de la rue.
Puis il secoua la tête lorsqu'il aperçut toute la foule qui était rassemblée sur le trottoir.
«Mon Dieu, que se passe-t-il donc ici? dit-il avec surprise. Est-ce qu'on tourne un film, ou quelque chose comme ça? Bon, peu importe. Nous, nous avons une mission pressante.»

Übung 28: Unterstreichen Sie alle Gerundium-Verbformen!

Il sortit sa carte de police de sa poche et se fraya un chemin à travers la foule. Nathalie le suivit, en hésitant un peu.
«Laissez passer, Messieurs Dames, cria l'inspecteur Cliquot en tenant sa carte bien haut. Nous sommes de la police.»
Les badauds laissèrent passer l'inspecteur en grommelant.
La rue devant lui était déserte. Aucune voiture ne roulait.
«Étrange, murmura l'inspecteur. C'est complètement mort, ici. Venez, Mademoiselle Claudel.»
Nathalie restait plantée au bord de la route, hésitante.
«Inspecteur, je ne sais pas si c'est une bonne idée. Vous devriez peut-être attendre que ...
– Sottises», dit l'inspecteur en se plaçant en plein milieu de la rue.
Puis il fit signe à Nathalie de le suivre.
«Quand le devoir appelle, on n'a pas le droit d'hésiter. Allons, maintenant venez.»
Nathalie haussa les épaules et traversa la rue en courant.
L'inspecteur Cliquot regarda derrière lui. Cette petite était encore un peu timide, mais il en ferait une bonne policière.

Tout à coup, l'inspecteur entendit un vrombissement. Il regarda autour de lui. La rue décrivait une courbe légère. Et derrière, une bonne dizaine de cyclistes avec des maillots multicolores apparurent soudainement. Ils roulaient tous à une allure folle. Et ils ouvrirent de grands yeux effrayés en voyant l'inspecteur debout au milieu de la rue.
Le cycliste de tête – il portait un maillot jaune ridicule – serra les freins à fond. Les suivants, ne pouvant plus freiner, lui rentrèrent dedans de plein fouet. Dans un bruit de ferraille, ils s'écrasèrent au sol, à quelques mètres seulement de l'inspecteur.

«Ils l'ont bien cherché! pensa l'inspecteur Cliquot. Qu'est-ce qu'ils ont donc aussi à aller à pareille vitesse?»
Heureusement, tous les cyclistes portaient des casques et personne ne fut blessé.
L'inspecteur Cliquot traversa le reste de la rue en secouant la tête. Il faudrait instaurer une limite de vitesse pour les cyclistes, se dit-il.
Toute la foule, qui s'était rassemblée pour assister à l'arrivée du Tour de France, suivait l'inspecteur du regard, interloquée.

Übung 29: Übersetzen Sie und enträtseln Sie das Lösungswort!

1. Geschwindigkeit _ _ □ _ _ _ _
2. Fahrrad _ _ _ □
3. Sieger _ _ _ _ _ □ _ _ _
4. Radrennen _ _ _ □ _ _ _ _ _ _ _ _ _ _
5. Start □ _ _ _ _ _
6. Fahrrad _ _ _ _ _ _ □ _ _ _
7. bremsen □ _ _ _ _ _ _
8. beschleunigen _ _ _ _ _ _ □ _ _
9. Trikot _ □ _ _ _ _ _
10. Zeitfahren _ _ □ _ _ _ - _ _ - _ _ _ _ _ _
11. Radfahrer _ _ □ _ _ _ _ _
12. Etappe _ _ _ _ □

Lösungswort: _ _ _ _ _ _ _ _ _ _ _ _

L'appartement de Madame Delacroix était petit, mais agréablement agencé. Les meubles étaient très vieux, mais ils avaient du style. Malgré tout, on voyait à son appartement que la vieille dame n'avait pas beaucoup d'argent.
L'inspecteur, Nathalie et Madame Delacroix étaient assis à la table de la salle à manger et prenaient le thé.
«On vous a donc volé la lettre de Louis XIV, Madame?» demanda l'inspecteur Cliquot en remuant son thé avec sa petite cuillère.
Madame Delacroix acquiesça tristement.
«Oui, elle appartenait à notre famille depuis des générations. Et c'est justement à moi qu'on la vole. Elle n'a pourtant qu'une valeur sentimentale. J'ignore ce que la voleuse peut bien vouloir en faire.
– La voleuse? demanda l'inspecteur Cliquot avec étonnement. Comment savez-vous qu'il s'agit d'une femme?
– C'est que je l'ai vue de mes yeux, il y a deux nuits de cela. À mon âge, on ne dort plus très bien, vous savez. J'étais couchée, quand j'entendis soudain un bruit dans la salle à manger. J'ai l'oreille fine, si ma vue est basse!
– Je vois, dit Nathalie. Mais, que se passa-t-il alors?»
La vieille dame continua.
«Je mis mes pantoufles et ouvris la porte donnant sur la salle à manger. Et elle était là: une jeune femme portant une tenue noire et moulante, comme celles que portent les sportifs de nos jours. Et elle avait aussi un masque sur les yeux. Je n'ai malheureusement pas pu voir son visage.
– Dommage, murmura l'inspecteur. Mais avez-vous pu voir la couleur de ses cheveux?
– Oh, ça oui, dit la vieille dame en souriant. On ne pouvait pas la manquer. Elle avait les cheveux roux, si roux qu'on aurait dit des flammes dans le noir.
– Et ensuite? demanda Nathalie.

– Eh bien, vous pouvez vous imaginer le choc que cela représentait pour moi. Mais la femme me sourit. ‹N'ayez pas peur, Madame›, dit-elle. ‹Je souhaite juste vous emprunter cette lettre. Je vous la rendrai dès que j'aurai ce que je veux›.»

ÜBUNG 30 !

Übung 30: Welches der folgenden Beispiele veranschaulicht welche Redewendung?

1. avoir l'oreille fine
   - ☐ a) Regardez comme il est ridicule avec son chapeau de pluie sur la tête par ce soleil!
2. avoir le nez fin
   - ☐ b) persil, ciboulette, aneth
3. avoir l'air fin
   - ☐ c) Elle a refusé de manger la viande car elle était un peu trop cuite à son goût.
4. faire la fine bouche
   - ☐ d) 60 centimètres
5. la taille fine
   - ☐ e) Il me semble qu'on a sonné à la porte.
6. des fines herbes
   - ☐ f) Nous avons bien fait de partir deux heures plus tôt: nous avons évité tous les embouteillages!

L'inspecteur fit un signe de tête, l'air approbateur.
«C'est une voleuse bien aimable, en tout cas. Et que se passa-t-il ensuite?
– Avant même que je réalise ce qui arrivait, la femme s'était emparée

de la lettre. Vous savez, elle était toujours accrochée au mur, là, dans un cadre. Puis elle s'excusa encore une fois, avant de sauter par la fenêtre.

– Comment? s'écrièrent Nathalie et l'inspecteur en même temps. Sauter par la fenêtre? Mais nous sommes au troisième étage!

– Oui, justement, répondit la dame. Vous pouvez vous imaginer ma peur. Elle était si gentille, cette jeune femme ...

– C'est manifestement une folle, murmura l'inspecteur Cliquot en secouant la tête.

– Ou une artiste très douée», dit Nathalie.

Übung 31: Beantworten Sie die Fragen zum Text!

1. Madame Delacroix semble-t-elle être une femme plutôt riche ou plutôt pauvre?

2. Qu'a-t-on volé à Madame Delacroix?

3. Quand ce vol a-t-il eu lieu?

4. De quel sexe est le voleur?

5. Décrivez ce voleur physiquement.

La jeune policière était à la fenêtre et regardait à l'extérieur. La maison donnait sur une vieille rue. Un fil téléphonique très vieux lui aussi se promenait d'un côté à l'autre de la rue.
Nathalie le désigna lorsque l'inspecteur la rejoignit.
«Vous voyez, Inspecteur. Elle pourrait s'être accrochée au câble du téléphone et ainsi, aurait descendu la façade.
– C'est somme toute possible, dit l'inspecteur Cliquot. Bien sûr, j'ai envisagé moi-même cette solution, mais je voulais voir si vous y penseriez vous aussi. Quoiqu'il en soit, continua l'inspecteur en s'asseyant dans le canapé, avez-vous une reproduction de cette lettre historique, Madame? Cela faciliterait les recherches.»
La vieille dame réfléchit. Pendant ce temps, l'inspecteur Cliquot attrapa sa tasse à thé, en but une gorgée et finit par constater que son doigt était coincé dans l'anse de la tasse.

ÜBUNG 32 !

Übung 32: Was ist gemeint: Inhalt oder Behälter? Ordnen Sie die folgenden Ausdrücke in zwei Spalten!
(une tasse à thé, une cuillerée de moutarde, un pot à eau, un verre à vin, une flûte de champagne, une cuillère à café, une assiette de soupe, un bol de lait, un plat à gratins, une coupe de glace)

Inhalt	*Behälter*

Tout à coup la vieille dame bondit. Elle traversa la pièce, jusqu'au mur opposé où une autre image était encore accrochée. Elle la décrocha et la tendit à l'inspecteur. L'inspecteur Cliquot s'en saisit, la tasse à thé se balançant toujours à son index.
«Je ne sais pas si cela peut vous aider, dit la vieille dame. On voit au moins la lettre.»
L'inspecteur et Nathalie observèrent la photo. Elle représentait Madame Delacroix dans sa salle à manger, assise sur le canapé et souriant à l'objectif. En arrière-plan, on pouvait voir la lettre de Louis XIV.
«C'est mon petit-fils qui l'a prise, dit-elle fièrement. Je lui ai offert un petit appareil photos pour Noël et il l'a tout de suite essayé.»
En effet, au fond, on apercevait les branches d'un sapin de Noël.

Übung 33: In welchem Monat werden folgende Ereignisse gefeiert?

ÜBUNG 33 !

1. Noël	☐	a) janvier
2. la Fête Nationale	☐	b) mai
3. la Toussaint	☐	c) juillet
4. l'Épiphanie	☐	d) juin
5. la fête de la musique	☐	e) décembre
6. la fête du travail	☐	f) novembre

«Hum … je crains que cette photo ne nous soit guère utile, Madame. La lettre est à peine reconnaissable.
– Oh, on peut peut-être quand même en tirer quelque chose, contredit

Nathalie. Nous serait-il possible de garder cette photo quelques jours?
– Mais bien sûr! La vieille dame sourit. Si vous me la rendez. J'y tiens beaucoup, vous savez!
– Naturellement, dit l'inspecteur en se relevant. Mais nous devons y aller à présent. Le devoir nous appelle.»
Une dernière fois encore, il tenta de se défaire de la tasse à thé.
En vain.
Alors il haussa les épaules.
«Et nous aimerions également emporter la tasse. Pour vérifier les empreintes, vous savez? Au revoir, Madame.»

L'inspecteur tendit sa main gauche à la vieille dame. Celle-ci le regarda avec étonnement, et elle sourit. Nathalie prit congé, elle aussi.
Tous deux avaient presque franchi la porte, lorsque l'inspecteur se retourna une fois encore.
«Ah, Madame Delacroix, une dernière chose: On dit que cette lettre disparue a un rapport plus ou moins direct avec le trésor légendaire du roi Louis XIV. Savez-vous quelque chose à ce sujet?»
La vieille dame sourit avec bonté.
«Oui, c'est cette vieille histoire. Autrefois, mon arrière arrière arrière grand-père a sauvé la vie du Roi Soleil. En remerciement, le roi lui a offert une petite maison en Provence. Et comme il lui faisait confiance, il lui a, paraît-il, également confié le secret de l'emplacement du trésor. Le roi aurait dit: ‹Celui qui lira cette lettre avec les yeux du Roi Soleil, verra apparaître le trésor›.»
Nathalie plissa le front.

Übung 34: Unterstreichen Sie die Befehlsformen!

«Pardonnez-moi, mais qu'est-ce que cela signifie? demanda-t-elle.
– Je ne le sais pas, répondit la dame. Jusqu'à présent, personne n'a pu décoder ces mots.
– Je vois, marmonna l'inspecteur Cliquot. C'est la raison pour laquelle le trésor est resté jusqu'ici introuvable. Mais dites-moi, Madame. Où se trouve donc cette maison dont le roi fit cadeau à votre ancêtre?
– Attendez, dit-elle, je vais vous noter l'adresse.»
Elle retourna dans la salle à manger, et écrivit quelque chose sur un morceau de papier, qu'elle remit ensuite à l'inspecteur.
«Tenez. Mais la maison n'est plus la propriété de notre famille. Mon grand-père a été obligé de la vendre dans les années 20 du siècle dernier. On y a construit un hôtel, autant que je sache.»
L'inspecteur Cliquot prit le papier.
«Merci beaucoup, Madame. Et ne vous en faites pas, nous retrouverons la lettre du roi.
– J'espère que vous réussirez, répondit Madame Delacroix. Et pensez aussi à me rapporter ma tasse à thé, s'il vous plaît!»

L'inspecteur Cliquot se trouvait dans les archives de la préfecture de police et il n'en revenait pas: tous ces rayons pleins de fichiers et de dossiers ...
«Mon Dieu, Mademoiselle Claudel, vous les avez tous lus?»
Nathalie regarda l'inspecteur, surprise.
«Vous voulez parler des dossiers? Non, bien sûr que non. Mon travail, c'est de les administrer et de les classer, rien de plus.
– Je vois», dit l'inspecteur. Puis il recommença à tirer sur la tasse qui était toujours accrochée à son doigt.
«Oh, cette chose de malheur ...» pesta-t-il.

Nathalie se retint de rire et indiqua un petit lavabo au mur.
«Là-bas, il y a de l'eau et du savon, dit-elle. Si vous enduisez votre doigt de savon, la tasse partira certainement. Ça a marché avec la bague de fiançailles de mon ex-petit ami, ajouta-t-elle avec nostalgie.
– Ah, très bien. Merci pour le tuyau», dit l'inspecteur Cliquot.

ÜBUNG 35 !

Übung 35: Welche Wörter gehören zusammen?

1. robe	☐ a) des fêtes
2. noces	☐ b) de mariage
3. voyage	☐ c) de fiançailles
4. liste	☐ d) de noces
5. livret	☐ e) d'or
6. vin	☐ f) de mariée
7. bague	☐ g) de famille
8. salle	☐ h) d'honneur

Il alla au lavabo et se savonna le doigt. Effectivement, la tasse se retira ensuite très facilement.
«Voilà qui est fait», pensa l'inspecteur Cliquot. Puis il retourna vers Mademoiselle Claudel.
Celle-ci avait placé la photo de Madame Delacroix sur un appareil qui ressemblait à une photocopieuse avec beaucoup trop de boutons.
«Que faites-vous là, si je puis me permettre? Et qu'est-ce que c'est que cette machine?

– C'est un scanner, Inspecteur, répondit Nathalie. Je suis en train de scanner la photo de la dame pour que nous puissions ensuite agrandir sur ordinateur la lettre qui est en arrière-plan.
– Aha, dit l'inspecteur Cliquot. Je vois. Bien sûr. C'est une bonne idée. Je voulais d'ailleurs vous la proposer. Mes compliments, ma chère, vous suivez bien.»
Nathalie ne fit qu'un signe de tête. Elle se concentrait pour bien scanner la photo.
La machine ronfla. Quelques secondes plus tard, la photo de la dame apparut sur l'écran qui se trouvait sur une petite table. Nathalie cliqua sur quelques options avec la souris. La photo devint de plus en plus grosse.

Übung 36: Welches Wort ist das „schwarze Schaf"? Unterstreichen Sie das nicht in die Reihe passende Wort!

ÜBUNG 36 !

1. savonnette, gel douche, savon, réprimande
2. tuyau, canalisation, renseignement, conseil
3. fermeture éclair, bouton, interrupteur, touche
4. doigt, index, annulaire, larme
5. clavier, écran, souris, fromage

Nathalie sélectionna la lettre qu'on voyait maintenant nettement. Puis elle zooma dessus, jusqu'à ce qu'on puisse lire chaque mot. Satisfaite, elle sourit, et alla à l'imprimante couleur qui était à côté de l'ordinateur. En quelques secondes, l'imprimante s'éveilla et sortit une impression incroyablement précise de la lettre disparue. Nathalie retourna vers l'ordinateur et s'arrêta net. Sur l'écran, le visage de l'inspecteur la fixait en grimaçant. Nathalie se retourna

brusquement. L'inspecteur était penché sur le scanner et continuait à faire des grimaces.
«Mais enfin, Inspecteur, que faites-vous là?» demanda Nathalie, interloquée.
L'inspecteur Cliquot sortit la tête du scanner et adressa un sourire à Nathalie.
«Oh, ce n'était qu'une petite blague, Mademoiselle Claudel, excusez-moi. Le travail doit aussi être fait dans la bonne humeur, n'est-ce pas?»
Puis il s'éclaircit la voix.
«Alors, est-ce que votre machine infernale a craché quelque chose d'utilisable?» demanda-t-il.
Nathalie brandit glorieusement la feuille en l'air.
«Absolument. J'ai opéré plusieurs agrandissements de la partie de la photo contenant la lettre. Et maintenant, nous en avons une copie exacte!
– C'est un travail formidable, Mademoiselle Claudel. Montrez-moi ça.»
Nathalie posa l'impression sur la table. Tous deux se penchèrent dessus.
L'impression était en effet très précise. Les mots se détachaient très clairement. On pouvait même discerner quelques déchirures et des endroits jaunis.
La lettre en elle-même avait été écrite d'une belle écriture soignée, l'écriture du roi Louis XIV, du Roi Soleil en personne.
«Mon Dieu, s'exclama l'inspecteur Cliquot. Dans de tels moments, l'histoire nous paraît si proche, n'est-ce pas?»
Nathalie ne répondit pas.
Elle essayait déjà de déchiffrer l'écriture, et les lettres étaient si sophistiquées, que cela n'était pas simple. Mais on finissait par s'y habituer.

Übung 37: Unterstreichen Sie die Synonyme für die Ausdrücke im Text!
(1. le jour précédent, 2. insolites, 3. dernièrement, 4. air, 5. pompeux, 6. embarrassés, 7. garçon d'écuries, 8. formellement)

Par la présente, nous, le Roi Louis XIV, offrons de notre vivant à notre dévoué palefrenier Pierre Delacroix une maison avec écuries près du village d'Orange, en Provence. Nous le remercions expressément pour ses services. Il a su prouver que son adoration pour le roi et sa fidélité envers lui sont bâties sur des bases solides. Un tel sujet est un sujet en or.
Signé: Louis XIV, Roi par la Grâce de Dieu.

L'inspecteur Cliquot et Nathalie se regardèrent, perplexes.
«J'ai bien peur que cela ne nous mène pas loin, dit Nathalie, déçue. Pour moi, ce n'est qu'un acte de donation dans un style emphatique.
– Du moins, ça en a l'apparence, ma chère. Mais je ne peux me défaire de l'idée que quelque chose se cache là-derrière.
– C'est bien possible, dit Nathalie. Que disait la vieille dame, déjà? ‹Celui qui lira cette lettre avec les yeux du Roi Soleil, verra apparaître le trésor.›
– Encore faudrait-il le comprendre, ça aussi, dit l'inspecteur, déconcerté.
– Les yeux du Roi Soleil! Qu'est-ce que ça peut bien vouloir dire?» murmura Nathalie.
Soudain elle eut une idée.
«Attendez! s'écria-t-elle. J'ai lu quelque chose dans le journal récemment. Un instant, Inspecteur.»
Nathalie courut jusqu'à une petite table sur laquelle se trouvait encore le journal de la veille.
La jeune policière survola les pages. Elle avait par chance une bonne

mémoire des détails. C'est pour cela aussi qu'elle travaillait aux archives.
Puis elle finit par trouver ce qu'elle cherchait: un petit article sur une exposition. Dans un musée de la ville, on exposait des accessoires de la cour du roi Louis XIV. Il ne s'agissait pas de pièces de grande valeur, mais plutôt d'objets curieux qui faisaient partie du quotidien à la cour en ce temps-là. Nathalie arracha la page et l'apporta en courant à l'inspecteur.
«Regardez là. Inspecteur», dit-elle, le doigt sur une photo illustrant l'article. Elle montrait un masque en forme de soleil.
«Cette exposition a ouvert ses portes hier seulement. Ce masque est lui aussi exposé. L'article dit que Louis XIV le porta lors de bals masqués.
– Le Roi Soleil déguisé en soleil. Comme ça sonne bien, dit l'inspecteur Cliquot. Je ne sais pas ce que cela peut bien avoir à faire avec cette lettre bizarre, mais c'est peut-être effectivement une piste.»
L'inspecteur regarda sa montre.
«Il est déjà 17 heures passées. Si nous voulons encore entrer dans le musée, il faut nous dépêcher.»
Nathalie était déjà partie prendre sa veste.
«Moi, je suis prête. On peut y aller, Inspecteur!»

L'homme qui tenait la caisse était tout sauf enthousiaste de voir l'inspecteur et Nathalie entrer dans le musée. C'est qu'il était déjà six heures moins le quart, et le musée allait bientôt fermer. À contrecœur, il détacha deux tickets et les posa sur le comptoir.
«Ça fera 8 euros en tout», dit-il en grognant.
L'inspecteur sourit à Nathalie.
«Oh, Mademoiselle Claudel, pourriez-vous vous en charger? Je n'ai malheureusement pas de monnaie sur moi.»
Nathalie soupira et donna l'argent au caissier. Les deux policiers

entrèrent dans le musée. À cette heure-ci, il n'y avait presque plus de visiteurs. Nathalie et l'inspecteur ne croisèrent qu'un couple de touristes, une jeune femme aux cheveux roux et un homme âgé.
«Cet homme a l'air si vieux qu'il pourrait presque avoir connu Louis XIV personnellement», pensa l'inspecteur.
L'exposition en elle-même n'avait rien d'exceptionnel. Le musée était petit, l'air étouffant, et les objets exposés étaient plutôt de deuxième catégorie. Il y avait quelques vieux vêtements ayant appartenu à des nobles ainsi que des accessoires de toilette. Nathalie s'arrêta devant un petit flacon de parfum orné de pierres précieuses, qui était dans une vitrine.
«C'est à peine croyable que les gens de la cour ne se soient lavés que de temps en temps à l'époque. Au lieu de cela, ils préféraient utiliser des quantités et des quantités de parfum pour couvrir leurs odeurs, dit-elle.
– C'est vrai, ce n'est pas très hygiénique», dit l'inspecteur.
Tous deux poursuivirent la visite.
Dans la salle voisine, ils découvrirent enfin l'objet de leur venue: le masque du Roi Soleil.
C'était sans aucun doute la pièce majeure de cette petite exposition. Le masque reposait dans une vitrine en verre au centre de la salle. Des projecteurs à halogène le faisaient briller comme de l'or. Nathalie et l'inspecteur s'en approchèrent avec curiosité. Le masque avait effectivement la forme d'un soleil. Des rayons partaient dans toutes les directions. Le milieu représentait un visage souriant.
Les parties correspondant aux yeux et à la bouche étaient vides.
«C'est vraiment une très belle pièce, dit l'inspecteur. Malheureusement, je ne vois toujours pas où cela peut nous mener.»
Nathalie soupira: «Malheureusement, moi non plus, Inspecteur. J'avais espéré que la vue du masque nous inspirerait peut-être d'une façon ou d'une autre.»

Übung 38: Welche Gegenteile gehören zusammen?

1. enthousiaste	☐ a) neuf
2. entrer	☐ b) ouvrir
3. fermer	☐ c) s'éloigner
4. à contre-cœur	☐ d) fâché
5. exceptionnel	☐ e) ordinaire
6. vieux	☐ f) de plein gré
7. majeur	☐ g) sortir
8. s'approcher	☐ h) mineur

L'inspecteur regarda autour de lui. Il cherchait les toilettes. Il finit par trouver un petit panneau qui les indiquait.
«Mademoiselle Claudel, il est déjà tard. Pourquoi n'arrêtons-nous pas pour aujourd'hui?
– Vous dites cela sérieusement, Inspecteur? demanda Nathalie.
– Mais bien sûr, répondit l'inspecteur Cliquot, d'un ton paternel. Nous avons assez travaillé pour aujourd'hui. Je cherche les commodités, et je rentre à la maison.
– Très bien, dit Nathalie, l'air heureux. Alors à demain matin au bureau?
– À neuf heures précises, répondit l'inspecteur. Bonsoir, Mademoiselle Claudel.»

Übung 39: Unterstreichen Sie die richtige Alternative!

L'inspecteur attendit que Nathalie se soit 1. renversée/retournée et mise en chemin, puis il se mit à courir vers les toilettes.
Cela devenait urgent.
Mais devant les toilettes, sa course fut 2. interrompue/cessée. Une jeune femme rousse lui bloquait le passage et lui souriait.
«Excusez-moi, Monsieur, dit-elle. Mais c'est irrespirable ici. Pourriez vous ouvrir la fenêtre, là, en haut? Moi, je n'y 3. viens/arrive pas. Mais vous, vous êtes si grand ...»
L'inspecteur Cliquot regarda les séduisants yeux verts de cette femme.
«Mais bien sûr, Madame. Sans 4. problème/arrêt.»
L'inspecteur sourit à l'inconnue et tendit les bras vers la fenêtre. Elle était vraiment très 5. dressée/élevée. Il l'ouvrit et un courant d'air frais s'introduisit dans la pièce.
«Oh, merci beaucoup, murmura la femme. C'est très aimable 6. à/de vous.»
L'inspecteur Cliquot s'inclina légèrement.
«Avec plaisir, Madame. Mais si vous voulez bien m'excuser, j'ai une affaire pressante à régler.»
Dommage, pensa l'inspecteur. Dans d'autres circonstances, il aurait volontiers 7. discuté/parlementé un moment avec la femme aux cheveux roux. Mais là, il devait vraiment aller aux toilettes. Il se précipita, sans remarquer qu'elle le suivait des yeux avec un petit sourire.
L'inspecteur Cliquot entra dans le cabinet et poussa le loquet. Celui-ci se bloqua.
«Ce n'est pas vrai», marmonna l'inspecteur en tentant d'ouvrir la porte. Ce fut sans 8. victoire/succès.
Il était enfermé.

«S'il vous plaît, cria-t-il. Il y a quelqu'un? Je suis enfermé! S'il vous plaît ...»
Pas de réponse.
Entre-temps, on avait certainement déjà fermé le musée et l'inspecteur était le dernier 9. client/visiteur.
L'inspecteur Cliquot leva les yeux. Par chance, il y avait assez de place entre la porte et le plafond pour pouvoir sortir.
Il monta sur la cuvette des toilettes et se hissa vers le haut. Mais le passage était 10. maigre/étroit et l'inspecteur, pendant un moment, resta coincé. Il se dit d'ailleurs qu'à l'avenir, il devrait peut-être manger un croissant de moins au petit-déjeuner. D'un geste brusque, il essaya de se libérer. Il ne se passa rien tout d'abord, puis l'inspecteur tomba au sol en poussant un grand cri. Le choc sur le carrelage fut si 11. violent/énervé que pendant un instant, l'inspecteur manqua d'air. Puis à grand-peine, il se redressa.
«Mon Dieu, dit-il. Quelle 12. épreuve/tentative! Mais bon, au moins je suis sorti de là.»

L'inspecteur alla au lavabo et se lava les mains. Puis il ouvrit la porte donnant sur la salle d'exposition.
Tout était sombre. La seule lueur provenait des éclairages de sécurité qui étaient accrochés aux murs.
Le musée avait bel et bien fermé. On avait tout bonnement oublié l'inspecteur, alors qu'il était aux petits coins.
«Pourvu qu'il y ait un gardien de nuit qui me fasse sortir», pensa l'inspecteur Cliquot. Heureusement, il avait sa carte de police sur lui, pour prouver qu'il n'était pas un voleur. L'inspecteur avança à tâtons, prenant soin de ne pas heurter dans le noir une vitrine, ce qui aurait déclenché une alarme. Même s'il n'était pas sûr que ce vieux musée de deuxième catégorie soit effectivement muni d'un tel système de sécurité.

Peu à peu, ses yeux s'habituèrent à l'obscurité. La sortie devait se trouver quelque part sur la gauche. L'inspecteur allait donc prendre cette direction, lorsque du coin de l'œil, il vit quelque chose bouger sur le côté opposé. Il se retourna brusquement. L'inspecteur aurait juré avoir vu une ombre.

«Eh, qui est là?» dit-il dans le noir.

Peut-être était-ce le veilleur de nuit qui faisait sa ronde.

«Je suis l'inspecteur Cliquot, je me suis fait enfermer ici par mégarde. Pouvez-vous m'aider?»

Qui que ce fût, la personne ne répondit pas.

L'inspecteur pénétra dans la salle principale à pas prudents.

Ici aussi c'était sombre, mais un panneau de sortie de secours sur un mur projetait une lueur verte.

Übung 40: Tragen Sie die richtigen Endungen der Adjektive in Klammern ein!

Devant la vitrine au centre de la salle, il y avait une silhouette. Malgré l'obscurité, l'inspecteur reconnaissait une silhouette (1. féminin) ________ . La forme de l'ombre parlait d'elle-même. La femme portait un vêtement (2. noir) ________ et près du corps. De (3. long) ________ cheveux (4. roux) ________ tombaient sur ses épaules. Elle portait un masque sur le visage. Mais l'inspecteur vit autre chose encore: la silhouette avait percé un trou dans la vitrine et avait volé le masque du Roi Soleil.

La silhouette (5. masqué) ________ porta la main à la ceinture. Elle sortit quelque chose que l'inspecteur ne put pas distinguer exactement.

«C'est donc vous, l'inspecteur Cliquot, dit la femme d'une voix (6. charmeur) ________. J'ai beaucoup entendu parler de vous. Malheureusement, je n'ai pas le temps de m'entretenir avec vous, Inspecteur.»

En disant ces mots, elle lança une (7. petit) ________ capsule sur l'inspecteur. La capsule se brisa sur le sol. Une fumée (8. épais) ________ et (9. caustique) ________ s'en échappa. En quelques secondes, l'inspecteur fut entouré de fumée. C'était un gaz lacrymogène. Les yeux de l'inspecteur commencèrent à pleurer. Il eut juste encore le temps de voir la voleuse s'enfuir par la fenêtre, fenêtre qu'il avait justement ouverte un peu plus tôt.

L'inspecteur Cliquot commença alors à y voir clair: la (10. beau) ________ jeune femme (11. roux) ________ et la voleuse n'étaient qu'une (12. seul) ________ et même personne. La femme avait vraisemblablement dû cacher sa combinaison noire sous sa tenue de ville.

L'inspecteur courut à la fenêtre en toussant. Mais c'était trop tard. La voleuse avait disparu dans la nuit. L'inspecteur secoua la tête et sortit son téléphone portable.

Le lendemain matin, il y avait encore une légère odeur de gaz lacrymogène dans le musée. Toute une équipe de police se trouvait déjà sur les lieux, autour de la vitrine, pour relever les empreintes. Nathalie avait été tirée de son sommeil par un appel téléphonique de l'inspecteur. À présent, elle était à ses côtés et tenait le journal du matin dans la main. L'inspecteur avait informé ses collègues la veille au soir de l'effraction. Et apparemment, les journaux avaient réussi à faire paraître cette histoire en première page, avant la clôture de la rédaction.

Nathalie observait les gros titres.

«Le chat a encore frappé! La reine du cambriolage échappe de justesse à la police» lisait-on.

«Comment avez-vous su que ce ‹chat› frapperait dans le musée, Inspecteur? demanda Nathalie, visiblement impressionnée.

– Oh, pure intuition, répondit modestement l'inspecteur Cliquot. Au bout d'un certain nombre d'années dans la police, on sent ces choses-là. Je voulais lui tendre un piège, mais la garce a été trop maligne. Ce surnom ‹le chat› lui va très bien, je trouve.»

Nathalie acquiesça.

«Mais que veut-elle faire avec le masque du Roi Soleil? Peut-être ce masque est-il vraiment la clé du mystère. Apparemment, elle en sait plus que nous.

– C'est possible», dit l'inspecteur. Il était obligé d'admettre – tout au moins à lui-même – que cette affaire le laissait assez perplexe.

À ce moment, une voix retentit à travers la salle.

«Inspecteur, vous devriez venir voir ça!»

L'inspecteur et Nathalie se retournèrent. Devant l'entrée des toilettes des dames, une collègue avait une veste légère à la main.

«J'ai trouvé ça dans les toilettes, Monsieur l'Inspecteur, dit la policière. Il se pourrait que cette veste appartienne à la voleuse, non?»

L'inspecteur Cliquot réfléchit. Quand il avait vu «le chat», elle ne portait qu'une tenue noire. Mais la femme rousse auparavant, elle, portait une veste comme celle-ci.

«Ça en a tout l'air», répondit l'inspecteur. Il prit la veste et en fouilla prudemment les poches. Elles ne contenaient rien, à l'exception d'un petit papier imprimé. L'inspecteur le sortit. C'était un ticket, du genre de ceux qu'on vous donne dans les blanchisseries.
«Qu'est-ce que c'est que ça?» demanda Nathalie avec curiosité.
Elle s'approcha et regarda le petit papier.
«Ah, je connais ça. C'est ce qu'on reçoit quand on porte un vêtement au pressing. Apparemment, la voleuse vient de faire nettoyer sa veste.
– Les chats sont très propres», dit l'inspecteur. Puis il se concentra de nouveau sur le ticket.
«Nous avons de la chance, il y a une adresse dessus! Le pressing n'est pas loin d'ici. Mettons-nous en route.»

ÜBUNG 41

Übung 41: Wählen Sie die richtige ✓ Alternative!

1. Quel est le surnom donné à la voleuse?
   - ☐ a) l'œil de tigre
   - ☐ b) le chat
   - ☐ c) la panthère
2. Qu'a trouvé la collègue dans les toilettes?
   - ☐ a) une tenue noire
   - ☐ b) un sac à main
   - ☐ c) une veste
3. Qu'y a-t-il dans les poches de la veste?
   - ☐ a) rien

- [ ] b) un ticket de blanchisserie
- [ ] c) un carnet d'adresses

4. Que font finalement l'inspecteur Cliquot et Nathalie?
   - [ ] a) Rien, ils sont perplexes.
   - [ ] b) Ils appellent un taxi pour aller au pressing.
   - [ ] c) Ils vont au pressing à pied.
5. Comment faut-il comprendre la remarque de l'inspecteur Cliquot: «Les chats sont très propres»?
   - [ ] a) C'est une remarque pertinente: les chats sont réellement très propres.
   - [ ] b) L'inspecteur Cliquot aime beaucoup les chats.
   - [ ] c) L'inspecteur Cliquot aime faire de l'humour.

Après seulement une demi-heure de marche, Nathalie et l'inspecteur Cliquot se tenaient devant le comptoir d'une petite blanchisserie. Un Chinois d'un certain âge souriait aimablement aux deux policiers.
«Que puis-je faire pour vous?» demanda-t-il.
L'inspecteur présenta sa carte de police.
«Nous sommes de la police, dit-il. Nous recherchons une dangereuse voleuse. Et vous pouvez peut-être nous aider.
– Oh, mais il n'y a pas de voleuse ici, Inspecteur, je suis désolé.»
Nathalie éclata de rire.
«Non, nous le savons bien. Mais peut-être cette veste vous dit-elle quelque chose. Elle a été nettoyée chez vous. Est-ce que vous vous souvenez de la personne qui l'a apportée?»
Le Chinois se pencha au-dessus du comptoir et tâta la veste.

«Ah oui, une très bonne qualité de tissu, mais très difficile à nettoyer.
– Et vous souvenez-vous de la personne qui vous l'a donnée à nettoyer?» demanda Nathalie encore une fois.
Le Chinois fit un signe de la tête.
«Mais bien sûr. C'est Madame Ombre. Elle habite à quelques rues de là. C'est une femme très élégante.»
Le propriétaire de la teinturerie griffonna quelque chose sur un papier qu'il tendit à l'inspecteur. Puis son regard se posa sur la chemise de l'inspecteur Cliquot. La bataille du petit-déjeuner avait laissé quelques traces.
«Votre chemise mériterait bien un petit nettoyage, Monsieur. Voulez-vous me la laisser maintenant. Je vous fais un prix.»
L'inspecteur Cliquot secoua la tête.
«C'est très aimable, mais non merci. Le devoir nous appelle. Nous devons attraper un chat voleur de masques.»

ÜBUNG 42 !

*Übung 42: Füllen Sie die Lücken mit der passenden Form von **faire** oder **laisser** (verwenden Sie dabei Präsens, Perfekt und die Infinitivform)!*

1. L'inspecteur Cliquot et son assistante __________ une enquête difficile.
2. Voulez-vous me __________ votre chemise maintenant?
3. La voleuse n'a __________ aucun bruit.
4. Elle n'a __________ aucune trace derrière elle.

5. L'inspecteur Cliquot l'a malheureusement ______________ s'échapper.
6. Il ne l'a pas ______________ exprès.
7. Mais il ne compte pas se ______________ ______________ comme ça.
8. La prochaine fois, c'est sûr, il ne va pas la ______________ filer!
9. Veux-tu me ______________ tranquille!?
10. Cela me ______________ mal de te voir si malheureux.
11. Il ______________ généralement plus froid en février qu'en décembre.
12. Nous sommes de la police! Veuillez nous ______________ passer, s'il vous plaît!

La concierge regarda par la fenêtre avec méfiance, lorsque l'inspecteur Cliquot et Nathalie s'approchèrent de la porte d'entrée.
«Que voulez-vous?» demanda-t-elle sèchement. Dans le fond de la pièce, la télévision était allumée. La femme avait encore quelques bigoudis sur la tête.
«Euh, nous sommes des amis de Madame Ombre, répondit tout de suite l'inspecteur. Est-ce qu'elle est chez elle, par hasard?
– Comment je le saurais? demanda la concierge. Je ne suis pas le bureau des renseignements, à ce que je sache!»
Puis elle s'éloigna de la fenêtre et disparut. Quelques secondes plus tard, la porte s'ouvrit automatiquement en grinçant.
L'inspecteur Cliquot et Nathalie entrèrent.
Nathalie observa tout d'abord les boîtes aux lettres dans le hall d'entrée.

L'une d'elles portait le nom «Ombre». Et elle était vide.

«Notre amie la voleuse semble être chez elle, dit-elle.

– Ou bien elle reçoit peu de courrier», répliqua l'inspecteur.

La porte de la concierge s'entrouvrit.

«Troisième étage», dit seulement la femme avant de refermer sa porte.

«Quelle charmante personne ...» murmura Nathalie.

Puis ils montèrent les escaliers. Arrivés devant une porte portant une étiquette avec le nom «Ombre», l'inspecteur frappa.

«Madame Ombre, est-ce que vous êtes là? Nous sommes de la police et nous aimerions vous poser quelques questions!»

Il n'y eut aucune réponse.

ÜBUNG 43 !

Übung 43: Welche Wörter stehen in Zusammenhang miteinander?

1. bigoudis	☐ a) réponse
2. courrier	☐ b) ascenseur
3. question	☐ c) fermer
4. escalier	☐ d) minute
5. seconde	☐ e) boîte aux lettres
6. ouvrir	☐ f) tête

L'inspecteur attendit encore quelques secondes et frappa de nouveau.

Sans succès.

«Et maintenant? demanda Nathalie.

– Et maintenant nous allons faire une chose qu'on ne vous a certainement pas enseignée à l'école de police.»

Le sourire aux lèvres, l'inspecteur sortit un petit couteau suisse de sa poche. Puis il s'agenouilla devant la porte et enfonça le tournevis dans la serrure.
«On y est presque, dit-il.
– Mais Inspecteur, est-ce que c'est légal? demanda Nathalie, préoccupée. Nous n'avons même pas de mandat de perquisition.
– Mademoiselle Claudel, je vous en prie. Nous agissons là dans l'intérêt de la France. Ensuite, je n'abîmerai rien. Vous allez voir, je vais ouvrir ce verrou en un tour de main.»

Übung 44: Finden Sie das abgeleitete Adjektiv!

ÜBUNG 44 !

1. automate ______________________
2. hasard ______________________
3. bruit ______________________
4. école ______________________
5. France ______________________
6. ombre ______________________
7. loi ______________________
8. verrou ______________________

Vingt minutes plus tard, l'inspecteur était toujours à genoux devant la porte. Il transpirait.
«Il doit sûrement s'agir d'une serrure spéciale», dit-il.
Nathalie plissa le front.

«Pour moi, c'est une serrure tout à fait ordinaire, Inspecteur.
– Vous n'êtes pas une experte», rétorqua-t-il.
Tout à coup, on entendit comme un cliquetis. L'ensemble de la serrure tomba au sol.
L'inspecteur Cliquot toussota.
«Bon, cela peut arriver. Eh bien, regardons de plus près à quoi ressemble le refuge de notre chat.»
L'inspecteur Cliquot ouvrit prudemment la porte. Derrière, il y avait un petit couloir qui, de droite et de gauche, donnait sur des pièces. L'appartement de Madame Ombre était aménagé sobrement mais avec goût. Des tableaux et des objets d'art étaient accrochés aux murs.
«Mon Dieu! dit Nathalie tout bas et avec de grands yeux étonnés. Ces œuvres d'art ont dû coûter une fortune.
– En supposant que Madame Ombre les ait payées, ce dont je doute.»
Les deux policiers pénétrèrent dans une petite bibliothèque. Les murs étaient couverts d'étagères remplies de livres. Les yeux de Nathalie se mirent à briller.
«Mon Dieu! Tous ces livres!»
La jeune policière s'approcha de l'une des étagères pour examiner les livres de plus près. C'étaient pour la plupart des volumes et des illustrés sur l'histoire de l'art.
«Madame Ombre a l'air d'être une véritable experte, dit Nathalie.
– Eh bien, en prison, elle aura tout le temps de mener à bien ses recherches, dit l'inspecteur. Continuons notre visite.»
L'inspecteur Cliquot et Nathalie entrèrent dans la petite cuisine. Sur la petite table de cuisine, il y avait aussi quelques livres. Ceux-ci traitaient du temps de Louis XIV.

Übung 45: Enträtseln Sie die folgenden Definitionen! Es handelt sich jeweils um ein Zimmer des Hauses.

1. On y prépare et on y prend parfois les repas:

2. Cette pièce est essentiellement occupée la nuit:

3. On y fait sa toilette:

4. C'est un espace souvent étroit, avec des portes donnant sur d'autres pièces de la maison:

5. Ce n'est pas une pièce d'habitation, et son occupante principale est la voiture:

6. Endroit souterrain et frais où peuvent se conserver certaines denrées alimentaires:

L'inspecteur Cliquot découvrit encore autre chose. Sur la table, sous un gros livre, il y avait un indicateur des chemins de fer.
«Ça alors, qu'est-ce que c'est que ça? murmura-t-il. Des horaires de train! Notre voleuse partirait-elle en voyage?
– Et quelle destination a-t-elle choisi?» demanda Nathalie.

L'inspecteur observa le feuillet.
«Une ville du nom d'Orange, dit-il. Du moins, c'est ce qui est écrit là. Où ai-je déjà bien pu entendre ce nom?»
Nathalie sourit. Puis elle sortit la photocopie de la lettre royale.
«Mais enfin, Inspecteur, il s'agit de la petite ville où se trouve le cadeau que l'ancêtre de Madame Delacroix a reçu du roi: sa petite maison.»
L'inspecteur se frappa le front de la paume de la main.
«Evidemment, Mademoiselle Claudel. Où ai-je donc la tête?
– Quand part le train de Madame Ombre?» demanda Nathalie.
L'inspecteur consulta les horaires une fois encore. Il n'y avait là que les horaires des trains imprimés, et aucune note faite à la main.
Il haussa les épaules.
«Les trains partent toutes les heures. Elle doit être partie depuis longtemps, avec le masque du Roi Soleil dans ses bagages. Je vais prévenir les collègues d'Orange.
– Bonne idée», soupira Nathalie en se laissant tomber sur une chaise de la cuisine. La voleuse leur avait échappé, une fois de plus.
Devant Nathalie, il y avait une tasse à café. La jeune policière la fixait sans y prêter attention. Elle fumait un peu. Nathalie sauta en l'air.
«Que se passe-t-il?» demanda l'inspecteur Cliquot.
Nathalie prit la tasse dans ses mains.
«Inspecteur! La tasse! Elle est chaude!»
L'inspecteur Cliquot lança un regard interrogateur à sa collègue.
«Et alors? Est-ce que par hasard vous buvez votre café froid?»
La jeune policière secoua la tête.
«Non, non. Je veux dire: la tasse est encore chaude. Madame Ombre a dû la boire il y a très peu de temps!
– Mais pourquoi ne le dites-vous pas tout de suite?» s'écria l'inspecteur en courant vers la porte.

Nathalie le suivit, étonnée.
«Mais où allez-vous, Inspecteur?
– Quelle question. A la gare, bien sûr!»

Übung 46: Wie viel Uhr ist es? Schreiben Sie die Zahlen in Buchstaben und verwenden Sie die Ausdrücke ***et quart, et demie, moins (...)*** *jedes Mal, wenn es möglich ist!*

1. 13h10 ____________________
2. 03h15 ____________________
3. 01h30 ____________________
4. 06h40 ____________________
5. 00h00 ____________________
6. 12h00 ____________________
7. 04h45 ____________________
8. 17h47 ____________________

Übung 47: Fügen Sie das passende Wort ein!
(hall de la gare, guichets, contrôleur, direction, départ, voie, destination, quai)

La voix dans le haut-parleur résonna dans toute la gare: «Voie 3, le train à 1. ____________ d'Avignon est prêt à partir. 2. ____________ : 12h37.»

L'inspecteur Cliquot et Nathalie couraient dans le 3.__________. Comme toujours, il y avait grande affluence. Il y avait là des hommes d'affaires qui montaient et descendaient des trains, des touristes qui traînaient de lourdes valises jusqu'à leur train. Certains s'achetaient de la lecture à un kiosque pendant que d'autres savouraient une boisson rafraîchissante ou un sandwich. L'inspecteur et Nathalie, quant à eux, n'avaient pas le temps pour tout cela. En courant, Nathalie jeta un œil sur la grande pendule au-dessus des 4.__________.

Il était 12h36. Encore une minute.

«Vous êtes sûre que le train qui va à Avignon est le bon? demanda l'inspecteur Cliquot, hors d'haleine.

– Oui, absolument sûre. Par contre, je ne suis pas sûre que nous l'ayons ...»

L'inspecteur ne répondit pas, mais, poursuivant sa course, regarda son lacet avec inquiétude. Il s'était défait, et à chaque pas, il traînait sur le sol.

Mais il n'avait pas le temps de le rattacher.

«C'est là, devant nous! dit Nathalie en haletant. 5.__________ numéro 3.»

L'inspecteur Cliquot regarda dans la 6.__________ qu'indiquait Nathalie. Le 7.__________ était déjà presque vide. Seules quelques personnes ayant accompagné des voyageurs étaient là et faisaient des signes de la main en direction des fenêtres du train. Le 8. ____________, déjà, était à la porte et jetait un regard général sur le quai. Puis il donna le signal du départ. Le train encore immobile eut une secousse.

«Arrêtez! Ne partez pas!» hurla l'inspecteur.
De ses longues jambes, il avait dépassé Nathalie. Il n'était plus qu'à cinq mètres de la porte la plus proche. Quelques personnes regardaient les deux policiers avec étonnement. Mais ces derniers ne se souciaient guère des autres. L'inspecteur Cliquot n'avait d'yeux que pour la porte.
Celle-ci se ferma.
«Non», cria-t-il.
L'instant d'après, l'inspecteur sentit qu'on lui tirait les jambes. Il avait marché sur son lacet. D'un bond puissant, il fut projeté en l'air et retomba en plein dans la porte du train. Le système électronique de la porte automatique ayant enregistré une résistance, celle-ci stoppa aussitôt sa fermeture, non sans avoir coincé le cou de l'inspecteur.
«Formidable, s'écria Nathalie. Quelle performance sportive, Inspecteur!»
L'inspecteur Cliquot ne put émettre qu'un gargouillement étouffé.
Puis la porte se rouvrit, libérant ainsi l'inspecteur.
«C'est que . . . , dit-il après avoir repris son souffle, . . . ce qui est en jeu est si important qu'il ne faut pas hésiter à mettre jusqu'à son corps en péril.
– Est-ce que vous êtes fou?» cria une voix très en colère.
Le contrôleur arrivait en courant, la tête rouge écarlate. De colère il soufflait lui-même comme une locomotive.
«Vous auriez pu vous tuer, espèce d'inconscient! Pourquoi n'attendez-vous pas tout simplement le prochain train?»

Übung 48: Welche Übersetzung stimmt?

1. Es steht eine Menge auf dem Spiel.

   ☐ a) Il y a énormément de choses en jeu.

   ☐ b) Il y a énormément de choses sur le jeu.

2. Was für eine sportliche Leistung!

   ☐ a) Que d'une performance sportive!

   ☐ b) Quelle performance sportive!

3. Vor Wut wurde er ganz rot.

   ☐ a) Il devint tout rouge devant la colère.

   ☐ b) Il devint tout rouge de colère.

4. Warten Sie auf den nächsten Zug!

   ☐ a) Attendez le prochain train!

   ☐ b) Attendez sur le prochain train!

5. Er war auf seinen Schnürsenkel getreten.

   ☐ a) Il était marché sur son lacet.

   ☐ b) Il avait marché sur son lacet.

6. Sein Leben in Gefahr bringen

   ☐ a) mettre sa vie en péril

   ☐ b) mettre sa vie dans le péril

L'inspecteur se releva avec peine et sortit sa carte de police.
«Je suis l'inspecteur Cliquot, de la police parisienne. Ceci est un cas d'urgence. Vous devez …
– Je dois avant tout faire en sorte que mon train parte à l'heure», siffla le contrôleur. Puis il poussa Nathalie et l'inspecteur à travers la porte ouverte. La porte se referma avant que l'inspecteur n'ait pu protester. Avec une forte secousse, le train démarra.
«Mais … mais nous roulons! s'écria l'inspecteur.
– Quel sens de l'observation, mon brave, dit le contrôleur.
– Mais il y a une dangereuse criminelle à bord! Vous devez …
– … contrôler, mon brave. Tout d'abord le train et les billets. Alors, vos billets, s'il vous plaît!»

*Übung 49: Vervollständigen Sie den Text mit **nous** und **vous**!*

ÜBUNG 49 !

Le contrôleur tendit la main vers l'inspecteur.

«Je, euh … Je n'ai pas de billet, balbutia l'inspecteur. C'est que 1. ____________ ne voulions pas prendre le train, 2. ____________ !

– Alors pourquoi êtes-3. ____________ dans mon train? demanda le contrôleur.

– Parce que 4. ____________ 5. ____________ avez poussés dedans, répliqua l'inspecteur.

– Alors pourquoi 6. ____________ êtes-7. ____________ donné tant de peine pour rattraper ce train, si 8. ____________ ne vouliez pas le prendre?

– Parce qu'il y a une dangereuse criminelle à bord …

– Pour l'instant, je n'en vois que deux, des criminels, dit le contrôleur avec dureté. Deux voyageurs sans billet, si 9.______ voyez ce que je veux dire ...»

Le contrôleur sortit un bloc de reçu et un stylo à bille de sa poche.

«Alors, 10.______ disons donc: appréhendé sans titre de transport valable, ça 11.______ fait 30 euros d'amende, plus 36 euros pour l'achat à bord d'un billet régulier à plein tarif, s'il 12.______ plaît!»

ÜBUNG 50 !

Übung 50: Unterstreichen Sie zehn Wörter, die einen Bezug zum Thema Geld haben!

L'inspecteur pâlit.

«En tout? C'est vraiment très cher!

– Non, pas en tout, ricana le contrôleur. C'est le prix par personne! Puis-je vous demander de payer?»

L'inspecteur Cliquot sortit son porte-monnaie en soupirant et l'ouvrit. Puis il leva les sourcils, haussa les épaules et se tourna vers Nathalie.

«Ah, Mademoiselle Claudel, pouvez-vous régler la totalité de la somme? Je n'ai que de grosses coupures sur moi.»

Nathalie lâcha un soupir. Elle avait plutôt l'impression que l'inspecteur n'avait pas de billets du tout dans son portefeuille. Mais ce n'était pas le moment de discuter. Toute cette histoire était vraiment trop pénible et le contrôleur semblait commencer à perdre patience. Nathalie compta son argent et le donna au contrôleur. En échange, elle obtint un reçu.

«Ah, voilà qui est mieux», dit le contrôleur, l'air satisfait.
Puis il se tourna pour partir.
«Eh! Attendez un instant! lui cria l'inspecteur Cliquot. Je vous ai dit que vous avez une dangereuse criminelle à bord. Une femme rousse. Vous devez …
– Je ne dois rien du tout, dit seulement le contrôleur. Hormis veiller au bon ordre dans mon train. Pourquoi ne cherchez-vous pas cette femme vous-même? Mais je vous préviens: ne semez pas la pagaille dans mon train. Sinon, je vous jette dehors, et je ne vous garantis pas de faire arrêter le train avant …»
Sur ce, le contrôleur disparut dans le compartiment suivant. L'inspecteur Cliquot et Nathalie se regardèrent.
«Et que faisons-nous, maintenant?» demanda Nathalie.
L'inspecteur haussa les épaules.
La recherche de la voleuse s'avéra plus difficile que prévu. Le train pour Avignon était plein à craquer. Même si l'inspecteur et Nathalie avaient cherché une place assise, ils n'en auraient pas trouvé.
Ils firent tous les compartiments, un par un, à la recherche du «chat», questionnant parfois un voyageur.
«Pardonnez-moi, dit l'inspecteur à une dame âgée. Je recherche une femme rousse …»
La dame lui lança un regard indigné.
«Ai-je l'air d'une agence matrimoniale? De plus, votre fiancée est à côté de vous, espèce de pervers!»
La dame désignait Nathalie, laquelle ne put s'empêcher de sourire.
Le visage de l'inspecteur se mit à rougir.
«Quoi? Mais non, ce n'est pas ma fiancée, mais ma collègue. Nous sommes de la police et nous sommes à la recherche d'une personne aux cheveux roux. C'est purement professionnel, vous comprenez?»
La vieille dame regarda l'inspecteur avec curiosité. Ses yeux se mirent à briller.

«Comment? Il y a eu un crime? Là, dans ce train? Un meurtre même, au fond du train, c'est cela, non? Comme dans ce livre?»
La dame sortit un roman policier que, selon toute vraisemblance, elle venait de lire.
L'inspecteur secoua très vite la tête.
«Non, non, ce n'est pas si grave. Nous la recherchons juste à cause . . .»

! ÜBUNG 51

Übung 51: Sind folgende Aussagen zum Text richtig? Markieren Sie mit richtig ✓ falsch –!

1. Il n'y a presque personne dans le train. ☐
2. La dame répond très aimablement. ☐
3. L'inspecteur Cliquot prend la dame âgée pour une agence matrimoniale. ☐
4. La dame prend l'inspecteur Cliquot et Nathalie pour un couple. ☐
5. L'inspecteur Cliquot préfère les femmes rousses. ☐
6. Quelqu'un a été tué dans le train. ☐

! ÜBUNG 52

Übung 52: Unterstreichen Sie sechs Substantive, die die Unruhe bezeichnen!

«Un meurtre?» demanda une autre vieille dame. Apparemment, les deux dames voyageaient ensemble. Jusque-là, la seconde avait somnolé paisiblement. Et maintenant, elle était terrifiée.

«Il y a eu un meurtre? Ici, dans ce train? demanda-t-elle avec agitation.
– Non, cria l'inspecteur. Tout va très bien, pas de panique!»
Mais c'était trop tard. En quelques secondes, ce fut l'affolement général dans le compartiment.
L'inspecteur et Nathalie avaient bien du mal à calmer les passagers.
«Tout ça n'est qu'un malentendu», répétait l'inspecteur en levant les mains en l'air, pour ramener le calme.
À ce moment, le contrôleur, attiré par le vacarme, entra dans le compartiment.
«Mais bon sang, que signifie tout ce désordre?» cria-t-il.
Puis, apercevant l'inspecteur:
«Encore vous! Ne vous ai-je pas déjà dit que je refuse formellement que ce soit la pagaille dans mon train? Allez, disparaissez! Et vite!
– Mais où voulez-vous que nous allions?» demanda l'inspecteur.

Übung 53: Finden Sie sechs Wörter, die gar nicht zum Text passen und tragen Sie stattdessen die angegebenen Wörter ein!
(1. jambes, 2. inquiet, 3. train, 4. prochain, 5. arrivée, 6. valises)

ÜBUNG 53 !

Il regarda par la fenêtre, euphorique. Le train roulait au moins à 150 km/h à travers la campagne.
«Regardez. Là-bas entre deux compartiments, il y a un petit passage vide. Vous allez vous y installer, tous les deux, jusqu'à notre départ à Orange. C'est notre précédent arrêt. Et là, je vous prierai de bien vouloir quitter ce magasin.
– Super, dit Nathalie. C'est là que nous devons descendre de toute façon!»

L'inspecteur Cliquot et Nathalie suivirent le contrôleur jusqu'au petit passage en question. Il y avait des carottes empilées.
«Et maintenant, je vous demanderai de rester ici», dit le contrôleur, d'une voix sans appel.
L'inspecteur Cliquot et Nathalie, dans un soupir, s'installèrent sur les valises. L'inspecteur avait peine à caser ses longues oreilles. Après plusieurs échecs, il parvint enfin à s'asseoir. C'est là qu'il aperçut une femme à la chevelure rousse.

ÜBUNG 54 !

Übung 54: Übersetzen Sie und enträtseln Sie das Lösungswort!

1. Verspätung _ _ _ _ _☐
2. Liegeplatz _ _ _ _ _ ☐ _ _ _
3. Sitz ☐ _ _ _ _
4. Ermäßigung _ _ _ _ _ ☐ _ _ _
5. Fahrkarte _ ☐ _ _ _ _
6. Schaffner _ _ ☐ _ _ _ _ _ _ _
7. Abteil _ _ _ _ ☐ _ _ _ _ _ _ _
8. Reservierung _ _ _ _ _ _ _ _ ☐ _ _ _
9. zweite Klasse _ _ _ _ ☐ _ _ _ _ _ _ _ _ _ _
10. entwerten _ ☐ _ _ _ _ _ _ _
11. Bordrestaurant _ _ _ _ ☐ - _ _ _ _ _ _ _ _ _ _

Lösungswort: _ _ _ _ _ _ _ _ _ _ _

«C'est elle!» s'écria l'inspecteur en bondissant. Malheureusement, ses jambes étaient coincées sous des montagnes de valises, et il perdit l'équilibre et s'écroula par terre.
La femme aux cheveux roux était sortie de son compartiment de première classe pour chercher un lavabo. Au bruit de la chute de l'inspecteur, elle prit peur et regarda autour d'elle. Elle fit demi-tour et rejoignit à la hâte son compartiment.
Entre-temps, l'inspecteur tenait de nouveau sur ses jambes.
«Je la tiens!» dit-il en trébuchant. Puis il fit un pas, renversant une autre valise qui lui bloqua le passage. Nathalie poussa alors la valise sur le côté et l'inspecteur fila.
«Arrêtez-vous!» hurla l'inspecteur Cliquot en courant après la jeune femme. Ses longs cheveux roux flottaient derrière elle. Les passagers du compartiment de première classe levèrent les yeux. La plupart d'entre eux étaient des hommes d'affaires qui voulaient travailler dans le calme sur leur ordinateur portable. Ce tumulte les irrita alors particulièrement.
«Aidez-moi! Il y a un fou derrière moi!» cria la femme rousse.
«Ah, voilà autre chose!» pensa l'inspecteur. Cette jeune personne n'avait pourtant vraiment peur de rien.
Mais sa stratégie était efficace. L'inspecteur avait presque rattrapé la voleuse, lorsqu'un homme surgit.

Übung 55: Übersetzen Sie die Wörter in Klammern!

Sous sa veste, on devinait de larges (1. Schultern) .... et de gros (2. Bizeps) .... Cet homme passait certainement son temps libre dans les salles de musculation.

«Pas si vite, mon ami», gronda-t-il.

L'inspecteur Cliquot essaya de se faufiler entre l'homme et la fenêtre. En vain. La (3. Brust) ____________ musclée occupait presque toute la largeur du couloir.

L'inspecteur montra sa carte de police du bout des (4. Finger) ____________.

«Je suis de la police, dit-il. Et vous faites obstacle alors que je suis en pleine intervention. Cette femme est une voleuse dangereuse!»

L'homme considéra la carte et leva les (5. Hände) ____________ en l'air en s'excusant.

«Je suis désolé. Je ne pouvais pas savoir!

– C'est bon, mais laissez-moi passer!»

L'homme en costume s'aplatit autant qu'il put contre la vitre. Malgré cela, l'inspecteur Cliquot eut du mal à avancer dans cet étroit couloir. Il dut jouer des (6. Ellenbogen) ____________. Une fois arrivé au bout, il put enfin respirer normalement.

Il poussa alors la porte du compartiment suivant. Par chance, le couloir était là aussi encombré de bagages, si bien que la dame rousse n'avait pas pu aller très loin. Son élégance féline ne lui servait pas à grand-chose dans ce train bondé.

«Arrêtez-vous, à la fin!», cria l'inspecteur. Vous n'avez aucune chance de vous en tirer!»

Mais elle continuait, sautant par-dessus les valises, sans se retourner.

Dans une telle situation, l'inspecteur était avantagé. Grâce à ses

longues jambes, il évitait les obstacles plus facilement que la fugitive. La distance les séparant diminuait de plus en plus.
«Maintenant, je te tiens!» pensa l'inspecteur en tendant la main.

Übung 56: Vervollständigen Sie die Fragen mit einem passenden Fragewort!

ÜBUNG 56 !

1. ______________ vous connaissez cette femme?
2. ______________ s'appelle-t-elle?
3. ______________ habite-t-elle?
4. ______________ est son métier?
5. ______________ l'avez-vous vue pour la dernière fois?
6. ______________ pensez-vous d'elle?
7. ______________ de temps va durer cet interrogatoire?
8. ______________ ne nous dites-vous pas tout de suite la vérité?

D'un geste décidé, il empoigna la chevelure rousse.
«Ça va faire mal, se dit il en lui-même. Mais c'est toi qui l'as voulu.»
Les doigts de l'inspecteur se resserrèrent sur les cheveux, il tira d'un coup sec, et tous les cheveux lui restèrent dans la main.
C'était une perruque!
La voleuse se mit à rire et continua à courir, toujours sans se retourner. L'inspecteur Cliquot jeta la perruque en jurant et se remit à la poursuite de la jeune femme, une jeune femme qui avait désormais les cheveux noirs coupés très court.
Une fois encore, il la rattrapa. Elle n'était plus qu'à quelques mètres,

lorsqu'elle entra dans un nouveau wagon. L'inspecteur la suivit et se fit alors agresser par du bruit, des cris, de la musique très forte et de la fumée de cigarettes. La femme rit une fois encore avant de disparaître dans la cohue.

«Il ne manquait plus que ça», pensa l'inspecteur.

Apparemment, tout le wagon avait été loué par un club de bowling ou autre association de ce genre.

ÜBUNG 57 !

Übung 57: Unterstreichen Sie die Synonyme für die Ausdrücke im Text!

(1. machte ein gespielt trauriges Gesicht, 2. Der Mann lachte nur, 3. feierten, 4. Was machen Sie denn hier?, 5. Der Inspektor kam nur drei Schritte weiter, 6. Ein dicker Mann strahlte ihn an, 7. Der Inspektor nickte)

Il y avait là 30 ou 40 personnes, toutes avec le même T-shirt, qui faisaient la fête, et qui semblaient déjà avoir bu plus d'un litre de vin chacune! La voleuse parvint très rapidement à se noyer dans cette masse joyeuse. L'inspecteur, lui, ne fit pas plus de trois pas. Un gros monsieur, une bouteille à la main, lui fit un grand sourire.

«Eh, champion! brailla-t-il. Tu n'as rien à boire. Tiens, bois donc un peu de mon vin!» Là-dessus, il renversa la moitié de sa bouteille sur la chemise de l'inspecteur. Heureusement, ce n'était que du vin blanc.

«Laissez-moi passer!» cria l'inspecteur. Mais la musique couvrait sa voix.

Furieux, l'inspecteur Cliquot montra sa carte de police à plusieurs reprises. Mais l'homme ne faisait que rire.

«C'est une fausse carte! Moi aussi j'en avais une, quand j'étais petit!

Dis, l'ami, tu ne crois pas que tu es un peu trop vieux pour jouer avec ça?
– Je suis de la police!» hurla l'inspecteur Cliquot. Il essaya de regarder au-dessus des têtes des fêtards.
La voleuse avait disparu. «Inspecteur!» appela Nathalie.
Elle l'avait suivi et le rattrapait enfin.
«Que faites-vous donc ici? Est-ce que le moment est bien choisi pour faire la fête? Où est la voleuse?
– Je crains fort qu'elle m'ait échappé! Grâce à ces ... à tous ces idiots!»
L'homme à la bouteille fit une mimique toute triste.
«Oh, mon pauvre, nous t'avons gâché la fête? Eh, mais qu'est-ce que c'est que ça?» demanda-t-il, enthousiasmé, en voyant la perruque rousse que Nathalie avait dans la main.
«Je l'ai trouvée sur le chemin, dit-elle à l'inspecteur. Est-ce qu'elle appartient à la voleuse?»
L'inspecteur fit signe que oui de la tête.

L'homme à la bouteille arracha la perruque des mains de Nathalie et se la mit sur la tête. Ses amis se mirent à hurler.
«Alors, comment je suis? demanda-t-il avec la bouche en cœur. Est-ce que je suis belle?»

Übung 58: Vervollständigen Sie die folgenden Redewendungen!
(gros, apprendre, d'or, pierre, ouvert, mal, sans, joli, la ville, roi)

1. mir ist übel = avoir ______________ au cœur
2. scharwenzeln = faire le ______________ cœur

3. herzloser Mensch = homme ______________ cœur

4. steinernes Herz = cœur de ______________

5. herzensgut sein = avoir un cœur ______________

6. auswendig lernen = ______________ par cœur

7. Herzkönig = ______________ de cœur

8. Stadtzentrum = cœur de ______________

9. mir ist das Herz schwer = j'ai le cœur ______________

10. frei von der Leber weg = à cœur ______________

Ses amis hurlèrent plus fort encore. Nathalie tenta de lui reprendre la perruque, mais l'inspecteur lui fit signe d'abandonner.
«Laissez tomber, Mademoiselle Claudel. Ici, dans le train, on ne l'aura plus, de toute façon. Nous allons attendre que le train s'arrête à Orange. Et là, on l'aura, cette voleuse. Je commence vraiment à m'énerver. On ne prend pas l'inspecteur Cliquot pour un idiot.»

Übung 59: Ordnen Sie die Buchstaben zu einem sinnvollen Wort!

Le train s'arrêta quelques minutes plus tard en (1. egar) ______ d'Orange. L'inspecteur Cliquot et Nathalie furent parmi les premiers passagers à sortir du train. Ils voulaient, du quai, observer tous ceux qui descendaient – et intervenir alors. Et parmi ces (2. saveogury) ______ qui descendaient à Orange, devait se trouver Madame Ombre. Mais ce plan se conclut par un (3. héecc) ______.

Orange était une jolie (4. livel) ______ chargée d'histoire et de ce fait attirait les visiteurs en grand nombre.

«Ah, non, pas ça en plus», soupira Nathalie.

Elle se tenait sur le (5. iqau) ______ à côté de l'inspecteur et observait le train. En plus de tous les passagers voyageant seuls ou en petits groupes, c'étaient maintenant tous les membres du club de bowling qui affluaient, sortant par différentes portes. Dans cette cohue, il était impossible de repérer une (6. nopernes) ______ en particulier.

Malgré tout, Nathalie observait la foule avec attention.

«Vous ne connaissez vraiment pas le (7. gaisve) ______ de cette femme, Inspecteur?» demanda-t-elle.

L'inspecteur Cliquot secoua la tête.

«Non, elle ne s'est malheureusement jamais retournée. Je sais seulement qu'elle avait les cheveux noirs et courts. Mais elle est rusée. Elle doit depuis longtemps avoir mis une autre (8. rerpquue)

_______________.

– Tout cela n'a aucun sens, grommela Nathalie. Qu'est-ce qu'on fait, maintenant?»

L'inspecteur haussa les épaules.
«Je propose que nous allions tout d'abord à l'hôtel.
– Bonne idée, dit Nathalie. Pensez-vous que le ‹Chat› s'y rendra aussi?
– C'est bien possible. Mais moi, pour le moment, j'ai faim. Il se fait tard. Comme nous allons devoir passer la nuit à Orange, nous devrions chercher un toit.»
Nathalie fit oui de la tête. Ensemble ils quittèrent la gare et se dirigèrent vers la station de taxis.
L'inspecteur Cliquot appela un taxi d'un signe de la main.
«Où allez-vous?» demanda le chauffeur.
L'inspecteur Cliquot s'installa à l'avant, sur le siège passager.
«Connaissez-vous l'hôtel qui appartenait autrefois à la famille Delacroix, demanda-t-il. Je n'ai malheureusement pas le nom de la rue.
– Ah, vous voulez parler de l'hôtel ‹Au Roi Soleil›. Je le connais. Il n'y a pas de problème, Monsieur.»
Le taxi démarra. Au cours de ces dernières décennies, Orange était devenue un nœud de communications important. Nathalie et l'inspecteur tombaient en pleine heure de pointe. On ne pouvait aller d'un feu à l'autre, d'un croisement à l'autre qu'au pas.
«Je suis désolé, dit le chauffeur. Je ne peux rien à la circulation. Chaque soir c'est la même chose. Mais au moins, vous pouvez profiter un peu du centre historique de la ville.»

Nathalie regardait par la fenêtre avec intérêt.
L'inspecteur par contre n'avait d'yeux que pour le compteur qui, contrairement à la circulation, lui, semblait tourner à toute allure.
Le chauffeur de taxi ne s'en laissa pas troubler pour autant. Tel un véritable guide, il vanta à ses deux passagers les charmes de sa ville.
«Orange était déjà une cité habitée avant l'arrivée des Romains, expliqua-t-il fièrement. C'est en 36 avant Jésus-Christ qu'elle devint colonie romaine. D'ailleurs droit devant, vous pouvez voir notre petit Arc de Triomphe qui fut construit aux alentours de l'an 20. Malheureusement, la circulation passe juste devant, et le monument en souffre beaucoup.»
L'inspecteur Cliquot n'observa la construction aux trois grandes portes qu'avec un intérêt modéré. Il n'était pas d'humeur à faire de la visite touristique.
«Est-ce que l'hôtel est encore loin?» demanda-t-il, impatient.
Le chauffeur de taxi sourit.
«Ne vous faites pas de souci, Monsieur, le plus difficile est presque fait. Après le prochain carrefour, cela circulera très bien. Nous allons sortir du centre ville. L'hôtel ‹Au Roi Soleil› se situe par chance un peu à l'extérieur de la ville.»
Le chauffeur avait dit vrai. A peine avaient-ils passé le feu, que la circulation commença déjà à se calmer. Cinq minutes plus tard, le taxi s'arrêta devant l'hôtel.

Übung 60: Suchen Sie das Gegenteil zu den nachfolgenden Wörtern!

1. tard ______________________

2. à l'avant ______________________

3. devant ____________________

4. loin ____________________

5. vrai ____________________

6. impatient ____________________

7. difficile ____________________

8. bien ____________________

9. à l'extérieur ____________________

10. beaucoup ____________________

«Voilà, nous y sommes, dit le chauffeur en regardant le compteur. Ça fait 29 euros, s'il vous plaît.»

L'inspecteur Cliquot avala sa salive. Il se tourna alors vers Nathalie.

«Oh, Mademoiselle Claudel, pourriez-vous vous en charger? Je n'ai que …

– … que des gros billets sur vous, je sais. Pas de problème, Inspecteur.»

Elle prit son sac à main et en sortit trois billets de dix euros.

«Tenez, gardez la monnaie.»

Le chauffeur fit un signe de tête. «Merci bien, Madame. Avez-vous besoin d'un reçu?

– Oui, s'il vous plaît, répondit Nathalie. Après tout, ce trajet est un déplacement professionnel.»

Übung 61: Fügen Sie jede fehlende ***cédille*** *hinzu!*

1. Nous avons fait appel à un macon pour refaire la facade de notre maison que le gel de l'hiver avait abîmée.
2. Il est parfois impossible de couper certains morceaux de bois à la tronconneuse, alors il faut les scier à la main, comme autrefois.
3. Qui aurait soupconné notre voisin, un vieux garcon de plus de soixante ans, de chercher l'âme sœur dans les petites annonces?
4. Marie a pris la sage décision de rompre ses fiancailles quand elle s'est apercue que son fiancé n'était pas sincère.
5. Notre professeur de francais commencait toujours par effacer le tableau que le cours précédent avait laissé.
6. Une chute de balancoire m'a laissé cette cicatrice, ici, près de l'arcade sourcilière.
7. Alors comme ca, on écoute aux portes! En voilà des facons!
8. Nous sommes tous sortis décus du spectacle, sauf Marc qui n'a rien suivi du tout, littéralement fasciné qu'il était par sa voisine.

L'inspecteur descendit de voiture et ouvrit la porte à Nathalie. Les deux policiers regardèrent autour d'eux. Ils se trouvaient devant un hôtel qui avait été à l'origine une maison de campagne.
«Pas mal, dit Nathalie, impressionnée. Ça a l'air très chic.
– Et très cher, dit l'inspecteur à voix basse.
– Ne vous en faites pas, inspecteur Cliquot, répondit Nathalie. J'ai mes cartes de crédit sur moi.»
Tous deux pénétrèrent dans le hall d'entrée de l'hôtel.
«Bonsoir, dit le jeune homme de la réception. Est-ce que je peux faire quelque chose pour vous?
– Nous souhaiterions deux chambres simples. Est-ce qu'il vous en reste quelques-unes de libres?

– Deux chambres simples? Un instant, je vous prie, je dois regarder.»
Le jeune homme consulta un très gros cahier posé devant lui, puis il sourit.
«Oui, vous avez de la chance. J'en ai encore deux. Et elles sont même l'une à côté de l'autre.
– Formidable, nous les prenons, dit l'inspecteur.
– Avec plaisir», dit le réceptionniste.
Puis il posa deux feuilles de papier sur le comptoir.
«Si vous voulez bien remplir ces deux formulaires, s'il vous plaît?» dit-il poliment.

! ÜBUNG 62

Übung 62: Welche berufliche Tätigkeit passt zu welchem Arbeitsplatz?

1. réceptionniste	☐ a) voiture
2. secrétaire	☐ b) préfecture de police
3. chauffeur	☐ c) salon de coiffure
4. préfet de police	☐ d) cuisine
5. contrôleur SNCF	☐ e) hôpital
6. caissière	☐ f) comptoir d'accueil
7. coiffeur	☐ g) supermarché
8. cuisinier	☐ h) bureau
9. infirmière	☐ i) train

Übung 63: Unterstreichen Sie die Synonyme für die Wörter im Text! ***(1. erleichtert, 2. einzeln, 3. jeweilig, 4. Name und Adresse, 5. unvorbereitet, 6. Sommerabend, 7. friedlich, 8. stetig)***

Nathalie et l'inspecteur remplirent chacun le leur. Il fallait donner ses coordonnées. Le jeune homme attendait qu'ils aient terminé.
«Vous n'avez pas de bagages? demanda-t-il un peu étonné.
– Non, nous sommes venus ici, euh, à l'improviste! N'est-ce pas?»
L'inspecteur acquiesça.
«Absolument. On peut dire ça comme ça.»
Le jeune déposa deux clés sur le comptoir.
«Voilà. Vos chambres se trouvent au deuxième étage. Elles portent les numéros 211 et 212. Pour la 212, la douche se trouve sur le palier. J'espère que ça ne pose pas de problème?
– Absolument pas, répondit l'inspecteur. Je la prends.
– Très bien, dit le réceptionniste, soulagé. L'escalier est là, juste en face de vous.
– Merci beaucoup», dit Nathalie en prenant déjà la direction de la cage d'escalier.
L'inspecteur demeura un instant encore près du comptoir.
«Je suppose que l'hôtel est quasi complet? demanda-t-il.
– Oh, oui! répondit le jeune homme en souriant. Vos chambres étaient les deux dernières, vous avez eu beaucoup de chance. Beaucoup de personnes arrivent aujourd'hui, individuellement ou en petits groupes. Si vous êtes venus en train, vous avez dû croiser certains d'entre eux.
– Ça, on peut bien le dire», dit l'inspecteur.
Après s'être rafraîchis dans leurs chambres respectives, Nathalie et l'inspecteur se retrouvèrent dans le hall de l'hôtel.
«Que diriez-vous d'une petite promenade avant le dîner? proposa l'inspecteur.

– Très volontiers», répondit Nathalie. Après être restée assise au milieu des valises, un peu d'exercice ne lui ferait que du bien.
L'inspecteur Cliquot ouvrit la porte à sa collègue et ils sortirent. C'était une belle soirée d'été et le soleil brillait encore au-dessus des montagnes.
«Comme c'est paisible ici, dit l'inspecteur Cliquot. Cela n'a rien à voir avec le brouhaha continuel de Paris.»
Nathalie était bien de cet avis.
«On pourrait presque se croire en vacances ...
– C'est vrai, dit l'inspecteur. Mais nous ne devons pas oublier que nous sommes sur les traces d'une dangereuse cambrioleuse.»
Puis il désigna un champ derrière le bâtiment.
«Allons-y», dit-il.

Ils laissèrent l'hôtel derrière eux.
«C'est tout de même étonnant que tout cela ait autrefois appartenu à la famille Delacroix, dit Nathalie. Tout ça parce qu'un garçon d'écurie avait sauvé la vie de son roi. Pensez-vous que nous trouverons une trace du trésor ici?»
L'inspecteur haussa les épaules.
«Très honnêtement, je n'en ai pas la moindre idée, Nathalie.»
Nathalie fit une mine étonnée. C'était la première fois que l'inspecteur l'appelait par son prénom. Et d'une manière générale, ici, il était loin d'être aussi bizarre qu'à Paris.

ÜBUNG 64 !

Übung 64: Finden Sie die Synonyme im folgenden Textabschnitt!

1. plaire ....
2. suggérer ....

3. les fonds ……………………………………

4. propriété ……………………………………

5. illuminer ……………………………………

6. acquiescer ……………………………………

7. vieille ……………………………………

8. rénover ……………………………………

Ils arrivèrent bientôt prés d'une petite construction en briques à moitié en ruines.
«On dirait les anciennes écuries, dit Nathalie. C'est curieux, ces vestiges ne sont pas du tout dans le même ton que le reste du domaine.
– Nous n'avons, pour l'instant, pas encore trouvé les fonds pour restaurer les écuries», dit soudain une voix.
Un homme, un petit fox-terrier à ses côtés, sortit de l'ombre. L'inspecteur Cliquot le reconnut. C'était le réceptionniste de tout à l'heure.
«Bonsoir», dit l'homme. Le petit chien aboya en guise d'accueil et renifla le bas de pantalon de l'inspecteur.
«L'hôtel marche très bien, mais la restauration du bâtiment principal a englouti une fortune. Nous allons devoir attendre encore des années, avant de pouvoir rénover aussi ces vieilles écuries. Heureusement, ces ruines sont à peine visibles, quand on arrive de l'autre côté. Mais un jour viendra où tout le domaine brillera de nouveau de tous ses feux.»
L'inspecteur Cliquot et Nathalie approuvèrent.

«C'est déjà très beau ici, dit la jeune policière.
– Merci beaucoup, dit le réceptionniste. Cela me fait plaisir. Ce domaine appartient à ma famille, depuis que nous l'avons acheté à la famille Delacroix. Parfois je me demande comment peut bien se porter cette vieille Madame Delacroix aujourd'hui.
– Oh, elle va très bien, dit l'inspecteur. Pour ce qui est de sa santé, en tout cas. Nous l'avons rencontrée par hasard il y a peu de temps. C'est du côté des finances que ça n'a pas l'air d'aller particulièrement bien.
– Je suis désolé d'entendre ça, répliqua le réceptionniste. Je devrais peut-être l'inviter à venir passer un week-end ici, aux frais de l'hôtel. Peut-être cela lui plairait-il de revoir sa vieille propriété familiale. Mais avant toute chose, je vous suggère à tous les deux de retourner à l'hôtel avec moi. Il va bientôt être l'heure du dîner, et nous avons un cuisinier vraiment exceptionnel.
– Dans ce cas, n'attendons pas une minute de plus!» s'écria l'inspecteur.

Nathalie et l'inspecteur s'assirent à une table libre. L'inspecteur jeta un coup d'œil sur la carte et son visage s'illumina.
«Regardez tout le monde qu'il y a déjà dans cette salle, dit Nathalie. L'hôtel doit être complet.»
L'inspecteur acquiesça et scruta les alentours.
«Parmi tous ces gens, il doit aussi y avoir notre mystérieuse Madame Ombre. Si seulement nous savions à quoi elle ressemble.»
Nathalie suivait le regard de l'inspecteur.
«Qui pensez-vous que cela puisse être?
– C'est difficile à dire. À mon avis, nous pouvons déjà éliminer tout ce groupe de voyage organisé qui est là-bas», dit l'inspecteur en montrant une longue table occupée par des personnes âgées.

À d'autres petites tables, il y avait des couples avec enfants. Eux aussi pouvaient être éliminés.
«Que pensez-vous de la dame, là en face?»
Nathalie désignait une jeune et belle femme blonde, assise seule à une table voisine.
L'inspecteur plissa le front.
«Oui, ça pourrait être elle ... Non, attendez!»
Un homme, en tenue à la fois décontractée et élégante, s'approcha de la table en souriant et s'assit en face de la jeune femme. Tous deux commencèrent tout de suite à discuter.
«Apparemment, ils sont ensemble. Alors nous pouvons rayer cette femme de la liste des suspects.
– Alors il ne reste que celle aux cheveux bruns, à la table près de la fenêtre, en face de nous.»
L'inspecteur observa la femme brune.
«C'est vrai! dit-il. Cela pourrait être elle. Elle semble être seule ici. Et elle lit un livre. D'ici, je ne parviens pas à lire exactement le titre, mais on dirait bien quelque chose comme ‹histoire de l'art›.
– Ça cadre tout à fait! dit Nathalie, tout excitée. Je crois que c'est notre chère Madame Ombre. Son appartement à Paris était plein de livres sur l'histoire de l'art!
– Je partage vos soupçons, Mademoiselle Claudel. Nous devons dans tous les cas bien l'avoir à l'œil. Mais pour l'instant, reprenons quelques forces. J'imagine que nous allons en avoir besoin.»
Affamé, l'inspecteur appela le serveur. Nathalie soupira. Elle se demandait quel pouvait bien être le solde de sa carte de crédit.

ÜBUNG 65

*Übung 65: Vervollständigen Sie folgende Sätze mit **à** oder **de**!*

1. En hiver, la nuit commence ___ tomber vers 4 heures de l'après-midi.
2. J'ai besoin ___ calme pour travailler.
3. Je ne parviens pas ___ me concentrer dans cette agitation!
4. Qu'as-tu pensé ___ ce film?
5. Nous vous remercions vivement ___ vos conseils.
6. Est-ce que vous penserez ___ acheter du pain?
7. Ton fils a l'air ___ bien s'amuser avec ses petits camarades.
8. Les participants ne sont pas autorisés ___ quitter la salle avant la fin de l'épreuve.

Le dîner était vraiment exquis. L'inspecteur avait commandé une cuisse de canard au muscat, Nathalie une salade au chèvre chaud. C'étaient des spécialités de la région. L'inspecteur essuya sa bouche avec la serviette de table.
«Vous désirez peut-être encore un calvados ou un peu de fromage?» demanda-t-il à Nathalie.
La jeune policière secoua la tête. Il n'était pas seulement question de l'état de son compte en banque.
«Non, merci, Inspecteur. Je suis prête à éclater. Mais le repas était vraiment excellent.»
L'inspecteur leva les yeux.

«Oh, je crois que nous n'allons de toute façon pas avoir le temps de prendre un dessert.»

Übung 66: Welches Wort ist das „schwarze Schaf"? Unterstreichen Sie!

1. exquis, excellent, délicieux, immangeable

2. camembert, roquefort, saint-nectaire, saint-émilion

3. hors d'œuvre, plat principal, en-cas, dessert

4. serveur, maître d'hôtel, réceptionniste, sommelier

5. chaud, glacé, tiède, épicé

L'inspecteur Cliquot montra discrètement la femme aux longs cheveux bruns. Elle avait elle aussi fini de manger et elle se levait de table. Elle quitta la salle de restaurant et passa près de la table des deux policiers, sans prêter attention à eux.
«Alors, c'est elle?» chuchota Nathalie.
L'inspecteur plissa le front.
«Difficile à dire. Pour ce qui est de la taille et de la silhouette, cela se pourrait bien. Et les cheveux peuvent être une perruque. Mais malheureusement, je n'ai pas vu son visage.
– Alors il va falloir la suivre, dit Nathalie en se levant.
– De toute façon», dit l'inspecteur. Et il suivit sa collègue.
Quand ils repassèrent devant la réception, le réceptionniste sympathique était de nouveau derrière le comptoir.
«Ça vous a plu? demanda-t-il.

– Et comment! dit l'inspecteur. C'était aussi bien que vous nous l'aviez promis. Vous mettez le repas sur la note, s'il vous plaît? Nous étions à la table 12.
– Naturellement, répondit le jeune homme. Au cas où vous cherchiez la jeune femme brune, elle vient de sortir.
– Et a-t-elle dit où elle allait? demanda Nathalie, l'air de rien.
– Oui, elle voulait aller voir le vieux théâtre romain. Je ne saurais que vous le conseiller, il est vraiment admirable.
– Merci beaucoup, dit l'inspecteur Cliquot. Nous allons suivre votre conseil.»
Puis il suivit Nathalie dehors.
La jeune policière montra la jeune femme aux cheveux bruns qui venait de disparaître derrière un coin de rue.
«Venez, Nathalie. Il ne faut pas la quitter des yeux.
– Ne devons-nous pas l'arrêter dès maintenant? demanda Nathalie.
– Non, il ne vaut mieux pas, répondit l'inspecteur Cliquot. Elle a peut-être découvert quelque chose qui nous mènera au trésor du Roi Soleil.»

ÜBUNG 67 !

Übung 67: Sind diese Substantive männlich oder weiblich? Ordnen Sie sie in zwei Spalten!
(œil, histoire, écurie, affaire, personne, visage, cheveu, liste, rue, nuit, couple, occasion, hasard, heure, pierre, groupe, art, cas, observation, chose, force, réceptionniste, collègue, ton)

Männlich	*Weiblich*

Männlich	*Weiblich*

L'inspecteur Cliquot et Nathalie suivirent discrètement l'inconnue. Ceci les conduisit en ville. Le trafic s'était calmé et Orange offrait une image très paisible. Peu avant le centre pittoresque, la femme s'arrêta et entra dans une droguerie. L'inspecteur Cliquot et Nathalie firent de même. Comme les deux policiers n'avaient pas eu le temps de préparer leur voyage, Nathalie profita de l'occasion pour acheter elle aussi quelques petites choses: du shampooing,

une brosse à dents, du dentifrice et quelques affaires de toilette encore.
L'inconnue n'acheta, elle, qu'un déodorant en spray et reprit son chemin.

ÜBUNG 68 !

Übung 68: Wo findet man was?

1. shampooing	☐ a) chez l'antiquaire
2. pain	☐ b) dans une boutique de mode
3. timbres	☐ c) dans une boulangerie
4. steak haché	☐ d) au bureau de tabac
5. jeans	☐ e) dans une boucherie
6. bouquet de roses	☐ f) chez le fleuriste
7. vase ancien	☐ g) à la poste
8. cigarettes	☐ h) dans une droguerie

Quelques minutes plus tard, elle était devant l'impressionnant théâtre de pierre. Il datait du temps des Romains et à l'époque, il pouvait contenir plusieurs milliers de visiteurs. Aujourd'hui, c'était un site très visité. Les gradins formaient un demi-cercle devant la scène, comme dans les théâtres de l'antiquité grecque.

L'inconnue contempla tout d'abord la muraille extérieure. Puis elle entra à l'intérieur du théâtre.

Nathalie et l'inspecteur étaient impressionnés, eux aussi. Dans la droguerie, la jeune policière avait aussi acheté un petit guide. Suivant toujours la femme brune, elle se mit à lire à haute voix: «Le théâtre peut contenir jusqu'à 8000 spectateurs, vous auriez cru cela, Inspecteur? Et sur la scène, on a sculpté une statue d'Auguste haute de 3,5 mètres. Il est écrit également que le roi Louis XIV a qualifié ce décor de scène comme étant ‹le plus beau de France›.

– Intéressant, dit l'inspecteur. C'est peut-être pour cette raison que Madame Ombre est ici. Peut-être même qu'un indice concernant le trésor est caché ici.»

Les deux policiers suivaient toujours prudemment la suspecte. Jusqu'à présent, son comportement était tout à fait normal et elle était très intéressée par le mur de pierre de la scène. Mais naturellement, ce petit jeu pouvait être monté de toutes pièces. Par chance, il y avait ici, dans cet ancien théâtre, suffisamment de colonnes derrière lesquelles l'inspecteur Cliquot et Nathalie pouvaient se cacher. La femme ne semblait pas remarquer leur présence.

«Regardez comme elle a l'air innocent!» murmura Nathalie.

Mais à ce moment précis, l'inspecteur n'écoutait rien du tout. Il était fasciné par un petit relief sculpté dans le mur. Il représentait un légionnaire en train de chasser des guerriers gaulois. Très admiratif, l'inspecteur toucha le soldat romain du bout des doigts. Dans un craquement à peine perceptible, la tête cassa.

Nathalie se retourna.

«Qu'est-ce que c'est?» demanda Nathalie.

L'inspecteur cacha la minuscule tête de pierre dans son poing.

«Oh, rien. Rien du tout. J'ai seulement dû marcher sur un caillou.»

Nathalie haussa les épaules. Puis elle continua d'observer la femme.

L'inspecteur tenta désespérément de raccrocher la tête sur le corps. En vain. Elle retombait à chaque fois.

ÜBUNG 69 !

Übung 69: Welche Präposition gehört wohin?

1. intéressé	☐ a) envers
2. satisfait	☐ b) contre
3. prêt	☐ c) de
4. fâché	☐ d) en
5. méfiant	☐ e) à
6. expert	☐ f) par

«Regardez! dit Nathalie, de la vivacité dans la voix. Là, elle est en train de prendre des notes!»

L'inspecteur glissa la tête du Romain dans la poche de son pantalon. Cette diversion l'arrangeait.

«Elle a sûrement trouvé un indice concernant le trésor, dit-il. Allez, on intervient!»

ÜBUNG 70 !

Übung 70: Fügen Sie das passende Wort ein!
(innocente, obligeance, recherches, stupéfaction, excuses, cachette)

Avant que Nathalie ait pu dire quoique ce soit, l'inspecteur sortit de sa 1.______________.

«Restez où vous êtes, Madame Ombre, dit-il d'une voix forte. Cette fois-ci, vous ne m'échapperez pas!»

La femme brune regarda autour d'elle avec 2.__________________. Elle fit comme si elle ne connaissait pas l'inspecteur.

«Ne faites pas l'3.__________________! dit Cliquot. Nous savons qui vous êtes!»

En disant ces mots, il s'approcha de la femme et lui arracha sa perruque. Du moins, il essaya. Les cheveux tenaient. La femme poussa un cri.

«Aïe, mais vous êtes fou? Qu'est-ce que cela veut dire?»

De frayeur, l'inspecteur fit un bond en arrière.

«Mon Dieu! dit-il. Ce sont de vrais cheveux!

– Mais bien sûr que ce sont des vrais! Auriez-vous maintenant l'4.______________________________ de m'expliquer ce que tout cela signifie?»

Nathalie déglutit.

«Veuillez nous excuser, Madame. Nous sommes de la police.

Je crains fort qu'on vous ait confondue avec une autre

personne.

– Je le crois aussi, en effet, répliqua la dame.

– Puis-je vous demander ce que vous étiez en train de noter? demanda l'inspecteur Cliquot, un peu penaud.

– Je ne vois pas en quoi cela vous regarde, mais si vous tenez vraiment à le savoir: j'enseigne l'histoire de l'art à l'université et je fais des 5. ______ ici en vue d'un nouveau livre. Du reste, le préfet de police de Paris est très bon ami de mon mari. Je me plaindrai de vous auprès de lui, Inspecteur …

– Inspecteur Cliquot, dit-il penaud en baissant la tête.

– Nous vous présentons toutes nos 6. ______, dit Nathalie en entraînant l'inspecteur, complètement abattu, avec elle. Au revoir, Madame.»

«Il n'y avait rien du tout, marmonna l'inspecteur lorsqu'ils se furent éloignés de quelques mètres. J'étais pourtant si sûr de moi.
– Tout le monde peut se tromper, Inspecteur.»
Nathalie voyait bien que l'inspecteur était frustré. Alors elle essayait de le consoler. Tout à coup, alors que les deux policiers avaient atteint la sortie du théâtre, un homme en habit de gardien de nuit les interpella.
«Et toi, viens voir par ici!» dit-il. On entendait à sa voix qu'il valait mieux ne pas discuter.
«Mais qu'y a-t-il donc?» demanda Nathalie.
Le gardien de nuit s'adressa à l'inspecteur d'un ton autoritaire et accusateur.
«Je vous ai observé. Vous avez cassé la tête d'une statuette en relief et vous l'avez cachée sur vous. C'est certainement un souvenir de chasseur, n'est-ce pas? Rendez-moi cette tête immédiatement! Ça va vous coûter cher, l'ami!
– Mais … je n'ai pas fait exprès, je vous assure …, balbutia l'inspecteur Cliquot. Je ne voulais pas la prendre, cette tête, je l'ai seulement oubliée.
– Ça, c'est ce que vous pouvez faire croire à votre grand-mère. Et

maintenant, venez par ici avec la tête et vos papiers. Ça va vous valoir une belle amende!»
Dans un soupir, l'inspecteur remit sa carte d'identité au gardien. Ce n'était pas son jour.

Übung 71: Vervollständigen Sie folgende Sätze mit einer Verkleinerungsform!

ÜBUNG 71 !

1. Une petite statue est une ______________________.
2. Une petite cloche est une ______________________.
3. Un petit garçon est un ______________________.
4. Une petite maison est une ______________________.
5. Une petite table est une ______________________.
6. Un petit jardin est un ______________________.
7. Une petite fille est une ______________________.
8. Un petit livre est un ______________________.

Übung 72: Übersetzen Sie die vorgegebenen Wörter!

ÜBUNG 72 !

Nathalie était assise au (1. Hotelbar) ______________, seule avec sa frustration. Il était déjà tard et l'inspecteur s'était retiré dans sa chambre. Cette journée qui s'achevait par un (2. Niederlage) ______________ l'avait totalement anéanti et il voulait se coucher tôt.

Nathalie avait de la peine pour lui. Apparemment il n'avait pas l'habitude de (3. verlieren)__________. Voilà ce que c'était de passer pour le meilleur policier de Paris. D'une affaire non élucidée, on faisait facilement une tragédie.

Nathalie avala une (4. Schluck)__________ de son cocktail. On entendait une musique douce en arrière-fond.

«Bonsoir. Vous avez l'air bien (5. traurig)__________, Mademoiselle. Acceptez-vous que je vous tienne compagnie?»

Nathalie leva les yeux. Elle mit quelques secondes à reconnaître l'homme qui était devant elle.

Bien sûr. C'était l'homme qu'elle avait vu dans la salle de restaurant, assis à la table voisine avec sa (6. Verlobte)__________ blonde.

Nathalie lui adressa un sourire aimable, et un peu (7. skeptisch)__________ également. Après tout, que voulait-il d'elle, cet homme? Est-ce qu'il voulait flirter avec elle? Et cela, alors que sa fiancée se trouvait dans l'hôtel même? Et qu'elle pouvait survenir à tout moment?

Nathalie lui proposa malgré tout de prendre place à côté d'elle.

«(8. Warum nicht)__________?» dit-elle. Au moins, elle ne boirait pas seule.

«Merci.»

L'homme s'assit et appela le barman.
«Je voudrais une bière, s'il vous plaît, dit-il. Et que puis-je vous offrir, Mademoiselle? Un autre cocktail?»
Nathalie secoua la tête.
«Non, merci. Une eau minérale, s'il vous plaît, gazeuse. Un cocktail suffira pour aujourd'hui. Je dois me lever tôt demain matin.
– Dommage, dit l'homme. J'avais espéré pouvoir passer un peu de temps avec vous, ici, à discuter. Et je vous imagine sans vos lunettes . . .»
«Oh! pensa Nathalie. Mais c'est qu'il me drague.»
C'était même de la drague plutôt osée. Mais il fallait reconnaître que cet homme avait un certain charme avec son petit air d'adolescent, si bien qu'elle ne pouvait pas lui en vouloir.
«Est-ce que votre fiancée est au courant que vous êtes ici en bas, assis au bar en compagnie d'une femme que vous ne connaissez pas?» lui demanda-t-elle quand même.
L'homme la regarda d'un air surpris.
«Ma fiancée? Je ne comprends pas . . .»
Nathalie eut à son tour l'air surpris.
«Oui, la jeune femme blonde avec qui vous avez dîné ce soir.
– Oh, vous avez le sens de l'observation. Non, Mademoiselle, je peux vous tranquilliser sur ce point. Ce n'est pas ma fiancée. J'ai rencontré cette jeune femme dans le train qui m'a conduit jusqu'ici. Pour être plus exact, c'est elle qui m'a abordé et qui ne m'a plus quitté de toute la soirée. Certes, c'est assez flatteur pour moi, mais elle n'est pas du tout mon genre. Et elle l'a bien remarqué. D'ailleurs, quand l'homme qui vous accompagnait et vous avez quitté la salle, elle m'a tout bonnement laissé en plan.»
Il fallut quelques secondes à Nathalie pour traiter ces informations. Il l'avait rencontrée dans le train. Et elle avait fait comme s'ils étaient en couple. Le parfait camouflage. Nathalie bondit.

«Est-ce que par hasard vous connaissez le numéro de chambre de cette femme?»
L'homme la regarda sans comprendre.
«213, je crois. Pourquoi, que se passe-t-il? demanda-t-il.
– Plus tard!» cria Nathalie en détalant.
Le jeune resta là, seul comme une âme en peine, à regarder Nathalie partir en courant.
«De toute manière, aujourd'hui, je n'ai pas de chance avec les femmes!» maugréa-t-il avant de saisir son verre.

Übung 73: Beantworten Sie die Fragen zum Text!

1. Que commande l'homme?

....

2. Nathalie boit-elle un second cocktail?

....

3. Pourquoi Nathalie n'est-elle pas fâchée contre cet homme qui la drague visiblement?

....

4. Où l'homme a-t-il rencontré la femme blonde?

....

5. Pourquoi la femme blonde a-t-elle soudain quitté la table, laissant l'homme seul à la table?

....

6. Qui est cette femme blonde?

....

Übung 74: Unterstreichen Sie die Synonyme für die Ausdrücke im Text!

(1. Madame Ombre hatte ihn und Nathalie an der Nase herumgeführt, 2. Das brennt vielleicht! 3. Er tastete nach der Tür, 4. ein totaler Schlag ins Wasser, 5. tat ihm gut, 6. die geringste Ahnung)

L'inspecteur Cliquot était sous la douche. Ce jet d'eau bien chaude lui faisait du bien. Là seulement, il ressentit une forte fatigue. Cette journée avait été un vrai fiasco. La voleuse, Madame Ombre, les avait menés, Nathalie et lui, par le bout du nez. Et il n'avait toujours pas la moindre idée du masque sous lequel elle se cachait cette fois-ci. Et que Nathalie devait-elle penser de lui? Aux yeux de la jeune collègue, il devait être le parfait imbécile. Sans parler de l'incident de la tête cassée ...

Et voilà que pour couronner le tout, il se mettait du shampooing dans les yeux.

«Bon sang, mais c'est que ça brûle!» cria l'inspecteur.

Il se frotta les yeux, mais ça ne fit qu'empirer les choses. Moitié aveugle, il coupa l'eau et chercha une serviette de toilette en tâtonnant. Les picotements dans les yeux finiraient par passer. Ce qu'il voulait maintenant, c'était regagner sa chambre. Il se sécha à peine et enroula la serviette autour de sa taille. Puis il se dirigea vers la porte, toujours à tâtons. C'était vraiment trop bête qu'il n'ait pas de douche personnelle dans sa chambre et qu'il soit obligé d'aller prendre sa douche sur le palier.

Nathalie Claudel courait le long du couloir. Arrivée à la chambre 212, elle frappa fébrilement à la porte de l'inspecteur Cliquot.

Aucune réponse.

«Inspecteur? appela-t-elle. Vous êtes là?»

Personne n'ouvrit. Nathalie secoua la tête. Puisque l'inspecteur

n'était pas là, elle devait attraper Madame Ombre seule. L'inspecteur Cliquot serait fier d'elle. Elle inspira alors profondément, et alla à la porte voisine à pas de loup, numéro 213.
Avec précaution, elle essaya de tourner la poignée de la porte. Elle n'avait pas d'arme sur elle, c'était trop bête. La porte s'ouvrit. Nathalie la poussa prudemment.
La chambre était dans la pénombre, parce que les rideaux étaient tirés. Il lui fallut quelques secondes pour que ses yeux s'habituent à l'obscurité.
Puis elle avala sa salive.
Sur une petite table au milieu de la pièce, il y avait l'original de la lettre volée, et à côté, le masque du Roi Soleil.
«Ce n'est pas possible! dit Nathalie, le souffle coupé de stupeur.
– Je crains que si, ma jolie!» dit une voix derrière elle.
Nathalie se retourna. Une femme qui devait avoir entre 30 et 35 ans, les cheveux noirs et courts, se tenait derrière la porte. On ne voyait pas son visage. Par contre, il ne faisait aucun doute qu'elle avait dans une main un pistolet braqué sur Nathalie. De l'autre main, elle tenait une perruque blonde.
«J'ai bien peur que votre chasse à l'homme ne s'arrête ici», dit Madame Ombre en armant son pistolet.

ÜBUNG 75

Übung 75: Schreiben Sie die Zahlen in Buchstaben!

1. 12: ....
2. 21: ....
3. 34: ....
4. 70: ....

5. 189: ....

6. 200: ....

7. 213: ....

8. 373: ....

9. 1015: ....

10. 2397: ....

11. 3636: ....

12. 5000: ....

13. 11.017: ....

14. 32.448: ....

L'inspecteur Cliquot traversait le couloir à tâtons, laissant derrière lui des traces de pas humides sur la moquette. Tout à coup il eut l'impression que quelqu'un appelait son nom. Mais lui ne voyait toujours rien, il n'avait toujours pas réussi à faire partir le savon qu'il avait dans les yeux, et cela le brûlait horriblement. Il tâtonna jusqu'à la porte qui était devant lui. Cela devait être la porte de sa chambre. Il était pourtant certain de l'avoir bien fermée. Il la poussa violemment. C'est alors qu'il y eut une détonation assourdissante.

Madame Ombre se trouvait juste de l'autre côté de la porte au moment où l'inspecteur Cliquot l'avait poussée. Le coin de la porte avait frappé la voleuse dans le dos, laquelle avait poussé un cri d'effroi. Un coup était sorti de son arme. La balle avait filé droit dans le plafond, provoquant une pluie de plâtre dans la chambre.

L'inspecteur ignorait totalement ce qui lui arrivait. Toujours à moitié aveugle et apeuré, il se mit à agiter les bras dans tous les sens. Par

hasard, d'un revers de main il frappa le menton du «chat» de plein fouet. Madame Ombre gémit et laissa tomber le pistolet. Au même moment, l'inspecteur Cliquot donna un coup de pied dans l'arme qui fut projetée à travers la pièce.
«Aïe! cria l'inspecteur. Mais que se passe-t-il ici?»
Madame Ombre suivait son pistolet des yeux, et vit Nathalie faire un plongeon pour s'en saisir.
Madame Ombre feula littéralement.

ÜBUNG 76

Übung 76: Welche Tiere und Verben gehören zusammen?

1. chien	☐ a) meugler
2. chat	☐ b) rugir
3. cheval	☐ c) barrir
4. lion	☐ d) aboyer
5. éléphant	☐ e) hennir
6. vache	☐ f) miauler
7. oiseau	☐ g) bêler
8. mouton	☐ h) gazouiller

«D'accord, Inspecteur! Cette fois-ci, vous avez gagné. Mais même vous, vous ne réussirez pas à résoudre l'énigme du trésor caché, puisque j'ai moi-même échoué. Adieu!»
En disant ces mots, Madame Ombre s'élança vers la fenêtre, sauta et disparut dans la nuit.
L'inspecteur Cliquot alluma la lumière. Le choc involontaire entre

son orteil et le pistolet lui avait tiré les larmes des yeux. Les larmes avaient lavé le savon et il voyait clair de nouveau.
Nathalie se tenait devant lui, l'arme à la main.
«Formidable, Inspecteur! Vous m'avez sauvée et vous avez chassé le ‹chat voleur›. Merci!» L'inspecteur ne comprit pas immédiatement les paroles de son assistante. Puis il réagit.
«Ah, oui. Bien sûr! Je, euh, je ne pouvais pas laisser quelqu'un vous faire du mal.»
Puis il regarda en direction de la fenêtre, l'air frustré.
«Mais malheureusement, elle m'a échappé. Et je n'ai pas résolu non plus le mystère du trésor du Roi Soleil. Je commence à vieillir ...», dit-il tristement.

Übung 77: Setzen Sie die Verben in der angegebenen Zeitform ein!

ÜBUNG 77 !

Sur ce, il (1. prendre, passé simple)__________ le masque dans ses mains, l'(2. observer, passé simple)__________ et le reposa sur la table, machinalement. Puis il (3. se laisser, passé simple)__________ tomber sur une chaise. «Le pauvre», pensa Nathalie. Ils (4. être, plus-que-parfait)__________ si près du but. Enfin au moins, ils (5. retrouver, plus-que-parfait)__________ la lettre et le masque de très grande valeur. Le masque (6. être, imparfait)__________ sur la table. Sans y faire attention, l'inspecteur l'avait posé sur la vieille lettre, de sorte qu'il (7. recouvrir, imparfait)__________ la majeure partie du texte. Seuls les yeux laissaient transparaître quelques mots.

«Pas si vite! pensa Nathalie. Qu'avait dit Madame Delacroix, déjà? Celui qui (8. lire, futur simple)__________ la lettre avec les yeux du Roi Soleil, (9. voir, futur simple)__________ alors le trésor …»

Nathalie se pencha alors sur le masque et (10. lire, passé simple)__________ les mots qui (11. ressortir, imparfait)__________ par les trous des yeux.

Par la présente, nous, le Roi Louis XIV, offrons de notre vivant à notre dévoué palefrenier Pierre Delacroix une maison avec **écuries** près du village d'Orange, en Provence. Nous le remercions expressément pour ses services. Il a su prouver que son adoration pour le roi et sa fidélité envers lui **sont bâties** sur des bases solides. Un tel sujet est un sujet **en or**.

Signé:

Louis XIV, Roi par la Grâce de Dieu.

«Ça y est! s'écria Nathalie. Vous (12. résoudre, passé composé)__________ l'énigme, Inspecteur!»

L'inspecteur Cliquot regarda la jeune policière avec étonnement.

«Pardon? Que voulez-vous dire, Nathalie?

– C'est là, (13. regarder, impératif)__________ donc! Si l'on pose le masque du Roi Soleil sur sa lettre, on ne (14. pouvoir, présent)__________ lire que quelques mots: écuries … sont bâties … en or.

– Vous (15. vouloir, présent)__________ dire que …

– L'or était sous nos yeux depuis le début! Venez!»

Quelques minutes plus tard, l'inspecteur Cliquot et Nathalie étaient devant les ruines des anciennes écuries. La lune éclairait le ciel et on pouvait discerner le tracé des vieux murs.

«J'espère que votre supposition est juste, Nathalie! Ça ferait vraiment sensation!

– Essayons quoiqu'il en soit, répondit-elle. Nous verrons bien ...»

L'inspecteur saisit une brique qui ressortait du mur, et il tira dessus jusqu'à ce qu'elle se détache et lui reste dans les mains. La brique était extraordinairement lourde. Cliquot eut du mal à la soulever et à la jeter contre une autre brique. La première brique tomba avec un bruit sourd. Un mince éclat de terre cuite se détacha de la brique, laissant apparaître en dessous quelque chose d'étincelant, malgré la pâleur de la luminosité de la lune. C'était un lingot d'or pur.

«Incroyable! dit l'inspecteur Cliquot. Cette barre doit valoir une vraie fortune!»

Nathalie observa tout autour d'elle.

«Oui, et toute cette ruine est faite de briques comme celle-ci. Il doit y en avoir des centaines!»

Übung 78: Übersetzen Sie und enträtseln Sie das Lösungswort!

1. Mondschein _ ☐ _ _ _ _ _ _ _ _ _
2. Nacht _ ☐ _ _
3. Licht _ _ ☐ _ _ _ _
4. Blitz _ _ _ _ ☐ _
5. Funke _ _ _ ☐ _ _ _ _ _
6. Tag _ ☐ _ _

7. Dunkelheit _ _ □ _ _ _ _ _ _

8. scheinen _ _ □ _ _ _ _

9. Stern _ □ _ _ _ _

10. Tageslicht _ _ _ _ _ _ □ _ _ _ _ _ _

Lösungswort: _ _ _ _ _ _ _ _ _ _

L'inspecteur Cliquot et Nathalie durent s'asseoir un petit moment dans l'herbe pour se remettre de leurs émotions après leur découverte.
«Et à qui appartient tout cet or?» demanda Nathalie au bout d'un moment.
L'inspecteur haussa les épaules.
«À l'État, je suppose. Mais comme les écuries font partie du domaine de l'hôtel, les propriétaires vont certainement toucher une petite part. Suffisamment du moins pour couvrir les frais de restauration des écuries.
– Et la pauvre Madame Delacroix? Il ne lui revient rien à elle?»
L'inspecteur Cliquot s'empara d'un brique avec un sourire de connivence.

«Ce n'est pas de gaieté de cœur, dit le préfet de police, que je vais lui remettre une médaille. Je ne suis pas sûr qu'il l'ait méritée. L'inspecteur Cliquot a tout de même ruiné le Tour de France, mis un train sens dessus dessous, tiré les cheveux d'une femme dont le mari est l'un de mes plus proches amis, et pour finir, il a délibérément dégradé un monument qui date de l'Antiquité.»

Übung 79: Tragen Sie die passenden Pronomen ein!
(qui, que, quoi, dont, où)

1. Le vainqueur était si ému qu'il ne savait pas ________ dire.
2. Voici le village ________ j'ai grandi.
3. Fais-moi la liste des ingrédients ________ tu as besoin pour faire ta charlotte au chocolat.
4. Quand nous sommes arrivés au cinéma, la salle du film ________ nous voulions voir était déjà complète.
5. Est-ce que c'est toi ________ as commandé une pizza?

Le sous-préfet sourit doucement.
«Oui, mais il a aussi découvert un trésor d'une valeur inestimable. La France lui doit une infinie reconnaissance. Le ministre des finances a insisté personnellement pour que l'inspecteur Cliquot soit décoré.»
Le préfet soupira.
«Je me sentirais vraiment mieux si on pouvait l'enfermer, tout simplement, mais soit.»
Un bruit d'éclats de verre retentit soudain, provenant de l'antichambre où le préfet avait la veille exposé un vase chinois de grande valeur.
«On dirait bien qu'il est arrivé», dit le sous-préfet.
Le préfet grimaça et appuya sur le bouton de l'interphone.

«Faites-le entrer, avant qu'il n'en fasse de plus belles!»
La porte s'ouvrit aussitôt et l'inspecteur Cliquot fit son entrée, fier comme un coq. Le préfet et son adjoint le saluèrent.

Übung 80: Welche Wörter gehören zusammen?

1. connu comme	☐ a) bonjour
2. têtu comme	☐ b) une plume
3. malheureux comme	☐ c) ses pieds
4. beau comme	☐ d) les pierres
5. libre comme	☐ e) une mule
6. simple comme	☐ f) le loup blanc
7. bête comme	☐ g) l'air
8. léger comme	☐ h) un dieu

«Je vous félicite pour votre succès, Inspecteur, dit le préfet. Et au nom de la France, je vous remets cette médaille.»
L'inspecteur Cliquot s'inclina. «Je suis très honoré, Messieurs. Mais j'aurais encore une requête personnelle.»
Le Préfet ouvrit de grands yeux.
«Ah oui, et elle serait?»

Nathalie se tenait sur le pas de la porte de Madame Delacroix et sonna. Il se passa un petit moment avant que la vieille dame ne vienne ouvrir. Celle-ci reconnut tout de suite Nathalie, et son visage s'éclaira.

«Mon enfant! M'apportez-vous de bonnes nouvelles? Avez-vous retrouvé ma lettre?»
Nathalie sourit et tendit une lettre rembourrée à la dame. Il y avait la lettre historique de Louis XIV à l'intérieur.
«Oui, Madame, elle est dedans.»
La vieille dame ne put contenir sa joie.
«Magnifique. Vous ne pouvez pas savoir tout ce qu'elle représente pour moi. Mais entrez donc.
– Volontiers! dit Nathalie. Mais je n'ai pas beaucoup de temps. Je dois retourner à la préfecture de police. L'inspecteur Cliquot est en ce moment même en train de demander au préfet à ce que je devienne son assistante permanente. J'ai le sentiment qu'il ne pourra pas le lui refuser.
– Je suis heureuse pour vous, dit Madame Delacroix. J'ai tout de suite eu le sentiment que vous collaboreriez merveilleusement, l'inspecteur et vous. Mais dites, que transportez-vous donc dans votre sac à main? Cela semble terriblement lourd!»
Nathalie ouvrit son sac et en sortit une vieille brique.
«C'est un petit présent de la part de l'inspecteur Cliquot, dit Nathalie en posant délicatement la brique sur la table. Elle provient des écuries de votre ancienne propriété.»
La vieille dame eut les larmes aux yeux.
«C'est une attention très touchante. Je la garderai toujours dans le plus grand respect, en souvenir du bon vieux temps.
– Oh, ça aussi, Madame, dit Nathalie en prenant congé. Cette pierre vaut vraiment ... de l'or. Vous me comprendrez mieux demain, en lisant le journal. Au revoir, Madame!»

Übung 81: Finden Sie die richtige ✓ Alternative!

1. Nathalie rend visite à Madame Delacroix

   □ a) pour prendre de ses nouvelles.

   □ b) pour lui remettre la lettre de Louis XIV et une brique.

2. Pour Madame Delacroix, la lettre a une valeur inestimable

   □ a) car elle est dorée à la feuille.

   □ b) car elle est chargée de toute son histoire familiale depuis des siècles.

3. Nathalie doit retourner d'urgence à la préfecture de police

   □ a) car elle veut savoir si le préfet a accepté de la nommer assistante de l'inspecteur Cliquot.

   □ b) car beaucoup de travail l'attend aux archives.

4. Madame Delacroix est heureuse pour l'inspecteur Cliquot et Nathalie

   □ a) car elle trouve qu'ils forment un beau couple et elle leur souhaite beaucoup de bonheur.

   □ b) car elle trouve qu'ils forment une très bonne équipe tous les deux.

5. Madame Delacroix a les larmes aux yeux en voyant la brique

☐ a) parce que désormais, elle est riche.

☐ b) parce que pour elle, cette brique a une grande valeur symbolique.

Nathalie tira doucement la porte derrière elle. Puis elle descendit les escaliers. Dans quelques heures, son nouveau service avec l'inspecteur Cliquot allait commencer. Elle se réjouissait déjà, et elle n'allait sûrement pas s'ennuyer.

FIN

Abschlusstest

Übung 1: Kreuzworträtsel!

Horizontalement: 1. Plat sucré servi à la fin du repas; 4. Apres le printemps; 9. La main en a cinq; 11. Avant aujourd'hui; 12. Ils frisent les cheveux; 13. Il est formé de deux personnes; 14. Soixante secondes; 15. Petit animal gris chassé par les chats; 21. De Paris; 22. La police les passe aux mains des personnes qu'elle arrête; 23. Imposteur; 24. Danger; 27. Manger avec voracité; 29. Couleur du ciel sans nuage; 30. Le matin, l'inspecteur Cliquot doit en boire deux pour être en forme; 33. Avec prudence; 35. Cri du chien; 36. C'est le métier d'origine de Nathalie; 37. Salle remplie de livres; 38. Sortant de l'ordinaire.

Verticalement: 1. Environ dix; 2. C'est un roi et il rugit; 3. Il cache le visage; 5. La chemise de l'inspecteur Cliquot en est couverte; 6. Rentre dans le trou de la serrure; 7. Excellent; 8. Il donne les nouvelles tous les matins; 10. On le monte pour accéder à l'étage supérieur; 13. Désigne le nom d'une pièce de la maison et ce qu'on y fait; 16. Bruit du téléphone; 17. Grande quantité d'argent; 18. De vue et/ou de soleil; 19. Noir complet; 20. Elle est pleine tous les 28 jours; 25. Comme une plume; 26. Teinturerie; 28. Très vite; 31. Futur métier de Nathalie; 32. Repas du soir; 34. Conduit un véhicule.

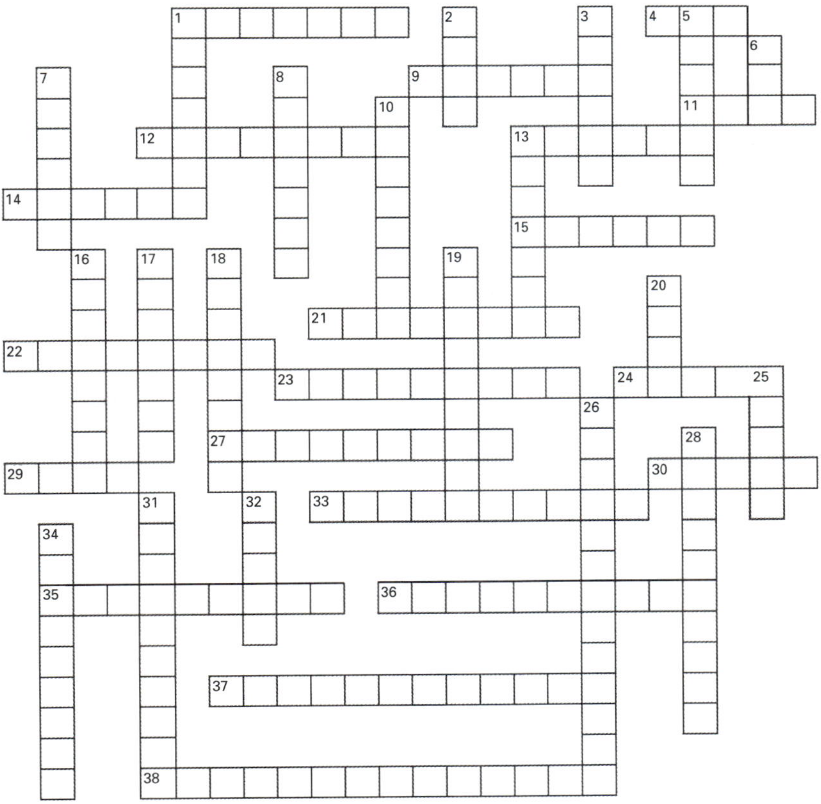
1
2
3
4
5
6
7
8
9
10
11
12
13
14
15
16
17
18
19
20
21
22
23
24
25
26
27
28
29
30
31
32
33
34
35
36
37
38

Übung 2: Übersetzen Sie die Ausdrücke in Klammern!

1. Comme il faisait beau, je (habe meine Arbeit im Stich gelassen) ______________________ et je suis allée à la plage.
2. Des amis (sind unerwartet zu uns nach Hause gekommen) ______________________, alors nous avons fait une omelette.
3. Tu (siehst aus) __________ fatigué. Tu devrais aller dormir.
4. Si tu (etwas brauchst) ______________, dis le moi!
5. Cette fois-ci, nous (haben es zu tun) ______________ à un cambrioleur professionnel!
6. Bois un verre d'eau fraîche, cela te (wird gut tun) ______________.
7. Je (bin verabredet) ______________________ avec Monsieur le Directeur à 10 heures.
8. Nous avons engagé quelqu'un pour (Gesellschaft leisten) ______________________ à notre vieille mère.

Übung 3: Füllen Sie die Lücken mit einer formal und inhaltlich passenden Verbform!

1. Avant de ______ la rue, il faut bien regarder à gauche et à droite.
2. Quand il est perplexe, l'inspecteur Cliquot ______ les épaules.
3. Cette veste est vraiment sale: je vais la ______ nettoyer.
4. ______-je vous offrir quelque chose à boire?
5. C'est une erreur! Je ______ désolé.
6. ______ bien attention à vos porte-monnaie et autres choses de valeurs.
7. Je vous ______ de m'avoir aidé. Sans vous, je n'aurais jamais réussi à tout faire.
8. La police a ______ cet automobiliste pour excès de vitesse!

Übung 4: Welche Wörter stehen in Zusammenhang miteinander?

1. lire	☐ a) pierre
2. blessé	☐ b) nourrir
3. brique	☐ c) vitesse
4. sourire	☐ d) livre

5. faim ☐ e) souffle

6. tasse ☐ f) sang

7. statue ☐ g) erreur

8. duper ☐ h) thé

9. coiffeur ☐ i) trésor

10. tirer ☐ j) écurie

11. respirer ☐ k) cheveux

12. cheval ☐ l) mur

13. or ☐ m) bouche

14. course ☐ n) pistolet

Übung 5: Vervollständigen Sie folgende Sätze!

1. La représentation du Français moyen avec le béret ______________ la tête, et la baguette ______________ pain à la main, sans oublier, la bouteille ______________ vin et le camembert, est vraiment une caricature!
2. Il avait neigé toute la nuit et la campagne était ______________ d'une épaisse couche ______________. C'était magnifique.
3. Le fils du ______________ de ma mère est mon cousin.

4. Comme je suis le seul __________ connaître le chemin, je vais rouler __________, et les autres n'auront qu'à suivre __________.
5. Annie avait promis qu'elle serait __________, mais une fois de plus, elle est __________ retard!
6. En jouant au ballon, les enfants ont cassé un carreau chez le voisin qui, très énervé, leur a passé un __________.

Lösungen

Übung 1: 1. richtig 2. richtig 3. falsch 4. falsch 5. falsch 6. richtig 7. richtig 8. falsch 9. falsch 10. richtig

Übung 2: 1. œufs brouillés 2. fromage de tête 3. miel 4. pain aux lardons 5. croissant de lune

Übung 3: 1. b 2. c 3. a 4. b 5. b 6. a

Übung 4: 1. voracité 2. sang-froid 3. enjeu 4. tic 5. dizaine 6. tension 7. malpropre 8. coupable 9. voyage 10. regard

Übung 5: 2. aboiement 3. tourbillon 4. souffle 5. murmure 6. réussite 7. hurlement 8. éclaboussure 9. atterrissage 10. intervention 11. fracas 12. don 13. séchage 14. peine

Übung 6: 1. permanenté 2. il ne tolérerait pas 3. à mes trousses 4. goujat 5. fauve 6. avait convoité

Übung 7: 1. brutal 2. court 3. rapide 4. remarquables 5. pleine 6. Vexée 7. bonne 8. sévère 9. délicieux 10. déconcerté 11. satisfait 12. joyeux

Übung 8: 1. promenade 2. condition 3. ciel 4. poitrine 5. capitale 6. soleil 7. effet 8. printemps Lösungswort: policier

Übung 9: 1. Soudain 2. jamais 3. parfois 4. aujourd'hui 5. continuellement 6. maintenant

Übung 10: 1. puis 2. espère 3. dérange 4. va 5. a 6. est 7. s'agit 8. essaie 9. recommence 10. traîne

Übung 11: 1. c 2. d 3. g 4. e 5. h 6. f 7. a 8. b

Übung 12: 1. femme 2. dame 3. femme 4. amie 5. fille 6. mère 7. fille 8. sœur 9. tante 10. cousine 11. belle-mère 12. nièce 13. bru

Übung 13: 1. e 2. g 3. c 4. j 5. a 6. b 7. d 8. f 9. h 10. i

Übung 14: malfrat, voleurs, arnaqueur, imposteur, escroc, filou

Übung 15: 1. Ce 2. ces 3. cette 4. c' 5. ce 6. Ce 7. cet 8. cela 9. c' 10. cette

Übung 16: 1. l'intérieur 2. aisées 3. En contrepartie 4. lucratif 5. Radieux 6. haut 7. avec amusement 8. de stupeur 9. suivante 10. arrête

Übung 17: 1. hors 2. avec 3. Devant 4. dans 5. par 6. en direction 7. par-dessus 8. sur 9. en 10. En dessous

Übung 18: 1. policier 2. motard 3. serveur 4. voyageur 5. sportif 6. cambrioleur 7. prisonnier 8. professeur de piano 9. facteur 10. vacancier

Übung 19: 1. son 2. leurs 3. leur 4. son 5. ses 6. sa 7. ses 8. son

Übung 20: 1. Les passants n'ont d'yeux que pour la limousine noire 2. L'inspecteur Cliquot ne bougeait pas d'un pouce 3. Nous avons affaire au ministre 4. Le prisonnier fait les cent pas dans sa cellule 5. Ce chauffeur de taxi roule très vite: c'est un danger publique!

Übung 21: 1. la France 2. les États-Unis 3. l'Allemagne 4. l'Italie 5. l'Espagne 6. la Grande-Bretagne 7. la Pologne 8. les Pays-Bas 9. la Suède 10. le Japon 11. le Brésil 12. le Maroc 13. la Turquie 14. les Caraïbes.

Übung 22: 1. en vue 2. en question 3. en jeu 4. en doute 5. en haleine 6. en tête 7. en avance 8. en route 9. en toute connaissance de cause 10. en conséquence

Übung 23: 1. habituellement 2. tout à coup 3. féminine 4. étonnée 5. bourrue 6. blème 7. ponctuelle 8. rarement

Übung 24: 1. envoie 2. attendent 3. dirigera 4. arrive 5. veut 6. continua 7. venons 8. voudrais 9. vois 10. est

Übung 25: 1. exact 2. seul 3. simple 4. immense 5. bref 6. actuel 7. heureux 8. certain 9. constant 10. prudent

Übung 26: 1. feuilleter 2. légua 3. cachette 4. faculté 5. recherche 6. telle 7. experte 8. devoir 9. vous 10. compter

Übung 27: 1. interrompit 2. trier 3. guettaient 4. détour 5. souci 6. faisait 7. discrètement 8. en matière de 9. chaussée 10. paternel

Übung 28: en hésitant, en tenant, en grommelant, en se plaçant, en courant

Übung 29: 1. vitesse 2. vélo 3. vainqueur 4. course cycliste 5. départ 6. bicyclette 7. freiner 8. accélérer 9. maillot 10. contre-la-montre 11. cycliste 12. étape Lösungswort: Tour de France

Übung 30: 1. e 2. f 3. a 4. c 5. d 6. b

Übung 31: 1. Madame Delacroix semble être plutôt pauvre 2. On lui a volé une lettre écrite par Louis XIV 3. Ce vol a eu lieu deux jours auparavant, pendant la nuit 4. Le voleur est une femme 5. C'est une femme aux cheveux roux qui porte une tenue noire et près du corps

Übung 32: Inhalt: une cuillerée de moutarde, une flûte de champagne, une assiette de soupe, un bol de lait, une coupe de glace. Behälter: une tasse à thé, un pot à eau, une verre à vin, une cuillère à café, un plat à gratins

Übung 33: 1. e 2. c 3. f 4. a 5. d 6. b

Übung 34: pardonnez, dites, attendez, tenez, faites, pensez

Übung 35: 1. f 2. e 3. d 4. b 5. g 6. h 7. c 8. a

Übung 36: 1. réprimande 2. canalisation 3. fermeture éclair 4. larme 5. fromage

Übung 37: 1. La veille/hier 2. curieux 3. récemment 4. apparence 5. emphatique 6. perplexes 7. palefrenier 8. expressément

Übung 38: 1. d 2. g 3. b 4. f 5. e 6. a 7. h 8. c

Übung 39: 1. retournée 2. interrompue 3. arrive 4. problème 5. élevée 6. à 7. discuté 8. succès 9. visiteur 10. étroit 11. violent 12. épreuve

Übung 40: 1. féminine 2. noir 3. longs 4. roux 5. masquée 6. charmeuse 7. petite 8. épaisse 9. caustique 10. belle 11. rousse 12. seule

Übung 41: 1. b 2. c 3. b 4. c 5. c

Übung 42: 1. font 2. laisser 3. fait 4. laissé 5. laissée 6. fait 7. laisser faire 8. laisser 9. laisser 10. fait 11. fait 12. laisser

Übung 43: 1. f 2. e 3. a 4. b 5. d 6. c

Übung 44: 1. automatique 2. hasardeux 3. bruyant 4. scolaire 5. français 6. ombragé 7. légal 8. verrouillé

Übung 45: 1. la cuisine 2. la chambre à coucher 3. la salle de bains 4. le couloir 5. le garage 6. la cave

Übung 46: 1. treize heures dix 2. trois heures et quart 3. une heure et demie 4. sept heures moins vingt 5. minuit 6. midi 7. cinq heures moins le quart 8. dix-sept heures quarante-sept

Übung 47: 1. destination 2. Départ 3. hall de la gare 4. guichets 5. Voie 6. direction 7. quai 8. contrôleur

Übung 48: 1. a 2. b 3. b 4. a 5. b 6. a

Übung 49: 1. nous 2. nous 3. vous 4. vous 5. nous 6. vous 7. vous 8. vous 9. vous 10. nous 11. vous 12. vous

Übung 50: cher, prix, payer, porte-monnaie, somme, coupures, billets, portefeuille, argent, reçu

Übung 51: 1. falsch 2. falsch 3. falsch 4. richtig 5. falsch 6. falsch

Übung 52: affolement, vacarme, pagaille, agitation, panique, désordre

Übung 53: 1. oreilles/jambes 2. euphorique/inquiet 3. magasin/train 4. précedent/prochain 5. départ/arrivée 6. carottes/valises

Übung 54: 1. retard 2. couchette 3. siège 4. réduction 5. billet 6. contrôleur 7. compartiment 8. réservation 9. deuxième classe 10. composter 11. wagon-restaurant Lösungswort: destination

Übung 55: 1. épaules 2. biceps 3. poitrine 4. doigts 5. mains 6. coudes

Übung 56: 1. Est-ce que 2. Comment 3. Où 4. Quel 5. Quand 6. Que 7. Combien 8. Pourquoi

Übung 57: 1. fit une mimique toute triste 2. l'homme ne faisait que rire 3. faisaient la fête 4. Que faites-vous donc ici? 5. L'inspecteur ne fit pas plus de trois pas 6. un gros monsieur lui fit un grand sourire 7. L'inspecteur fit signe que oui de la tête

Übung 58: 1. mal 2. joli 3. sans 4. pierre 5. d'or 6. apprendre 7. roi 8. la ville 9. gros 10. ouvert

Übung 59: 1. gare 2. voyageurs 3. échec 4. ville 5. quai 6. personne 7. visage 8. perruque

Übung 60: 1. tôt 2. à l'arrière 3. derrière 4. près 5. faux 6. patient 7. facile 8. mal 9. à l'intérieur 10. peu

Übung 61: 1. maçon façade 2. tronçonneuse 3. soupçonné garçon 4. fiançailles aperçue 5. français commençait 6. balançoire 7. ça façons 8. déçus

Übung 62: 1. f 2. h 3. a 4. b 5. i 6. g 7. c 8. d 9. e

Übung 63: 1. soulagé 2. individuellement 3. respectives 4. coordonnées 5. à l'improviste 6. soirée d'été 7. paisible 8. continuel

Übung 64: 1. faire plaisir 2. inviter à 3. les finances 4. domaine 5. briller 6. approuver 7. ancienne 8. restaurer

Übung 65: 1. à 2. de 3. à 4. de 5. de 6. à 7. de 8. à

Übung 66: 1. immangeable 2. saint-émilion 3. en-cas 4. réceptionniste 5. épicé

Übung 67: Männlich: œil, visage, cheveu, couple, hasard, groupe, art, cas, réceptionniste, collègue, ton; Weiblich: histoire, écurie, affaire, personne, liste, rue, nuit, occasion, heure, pierre, observation, chose, force, réceptionniste, collègue

Übung 68: 1. h 2. c 3. g 4. e 5. b 6. f 7. a 8. d

Übung 69: 1. f 2. c 3. e 4. b 5. a 6. d

Übung 70: 1. cachette 2. stupéfaction 3. innocente 4. obligeance 5. recherches 6. excuses

Übung 71: 1. statuette 2. clochette 3. garçonnet 4. maisonnette 5. tablette 6. jardinet 7. fillette 8. livret

Übung 72: 1. bar de l'hôtel 2. échec 3. perdre 4. gorgée 5. triste 6. fiancée 7. sceptique 8. Pourquoi pas

Übung 73: 1. L'homme commande une bière 2. Non, Nathalie ne boit pas de second cocktail 3. Parce qu'il a beaucoup de charme 4. Il a rencontré la femme blonde dans le train 5. La femme blonde a quitté la table dès que Nathalie et l'inspecteur Cliquot sont sortis du restaurant 6. Cette femme blonde est Madame Ombre

Übung 74: 1. Madame Ombre les avait menés, Nathalie et lui, par le bout du nez 2. c'est que ça brûle! 3. il se dirigea vers la porte à tâtons 4. un vrai fiasco 5. lui faisait du bien 6. la moindre idée

Übung 75: 1. douze 2. vingt et un 3. trente-quatre 4. soixante-dix 5. cent quatre-vingt-neuf 6. deux cents 7. deux cent treize 8. trois cent soixante-treize 9. mille quinze 10. deux mille trois cent quatre-vingt-dix-sept 11. trois mille six cent trente-six 12. cinq mille 13. onze mille dix-sept 14. trente-deux mille quatre cent quarante-huit

Übung 76: 1. d 2. f 3. e 4. b 5. c 6. a 7. h 8. g

Übung 77: 1. prit 2. observa 3. se laissa 4. avaient été 5. avaient retrouvé 6. était 7. recouvrait 8. lira 9. verra 10. lut 11. ressortaient 12. avez résolu 13. regardez 14. peut 15. voulez

Übung 78: 1. clair de lune 2. nuit 3. lumière 4. éclair 5. étincelle 6. jour 7. obscurité 8. briller 9. étoile 10. lumière du jour Lösungswort: luminosité

Übung 79: 1. quoi 2. où 3. dont 4. que 5. qui

Übung 80: 1. f 2. e 3. d 4. h 5. g 6. a 7. c 8. b

Übung 81: 1. b 2. b 3. a 4. b 5. b

Lösungen Abschlusstest

Übung 1: Horizontalement: 1. dessert 4. été 9. doigts 11. hier 12. bigoudis 13. couple 14. minute 15. souris 21. parisien 22. menottes 23. arnaqueur 24. péril 27. engloutir 29. bleu 30. cafés 33. prudemment 35. aboiement 36. archiviste 37. bibliothèque 38. extraordinaire
Verticalement: 1. dizaine 2. lion 3. masque 5. tâches 6. clé 7. exquis 8. journal 10. escalier 13. cuisine 16. sonnerie 17. fortune 18. lunettes

19. obscurité 20. lune 25. léger 26. blanchisserie 28. rapidement 31. assistante 32. dîner 34. chauffeur

Übung 2: 1. j'ai laissé mon travail en plan 2. sont arrivés à la maison à l'improviste 3. as l'air 4. as besoin de quelque chose 5. avons affaire 6. fera du bien 7. J'ai rendez-vous 8. tenir compagnie

Übung 3: 1. traverser 2. hausse 3. faire 4. Puis 5. suis 6. Faites 7. remercie 8. arrêté

Übung 4: 1. d 2. f 3. l 4. m 5. b 6. h 7. a 8. g 9. k 10. n 11. e 12. j 13. i 14. c

Übung 5: 1. sur de de 2. recouverte blanche 3. frère 4. à devant derrière 5. ponctuelle en 6. savon